차이밍량
蔡明亮
TSAI MING-LIANG

慢走長征 系列作品
행자 연작
WALKER SERIES

JEONJU
intl.film festival

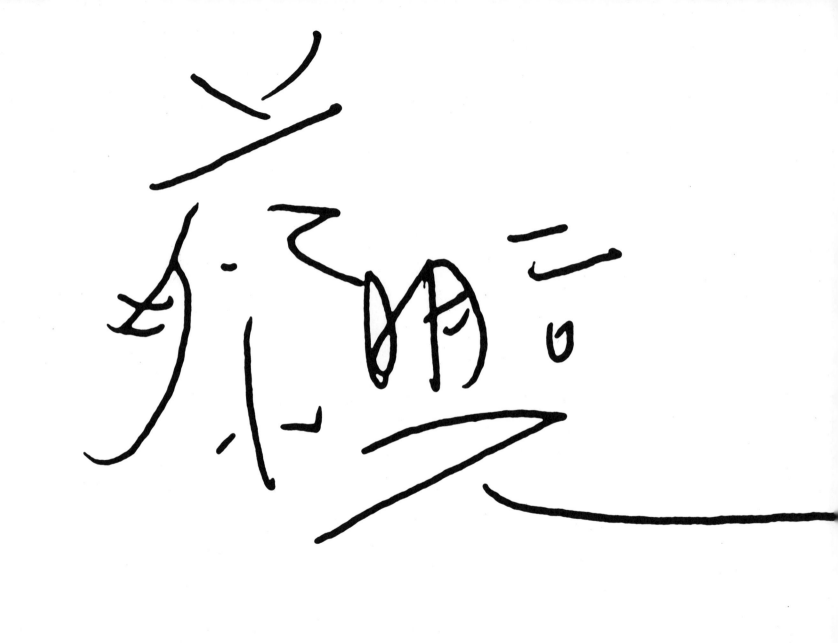

일러두기
각주는 모두 역자 혹은 편집자가 단 것입니다.
원어 발음은 국립국어원의 표기법을 따랐으나, 일부는 관용 표기를 인정하기도 했습니다. (예시: 이강생)

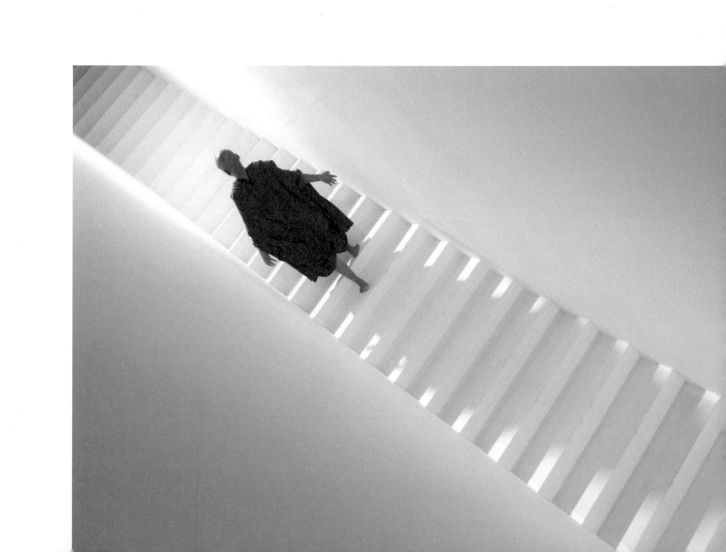

金剛經

明風

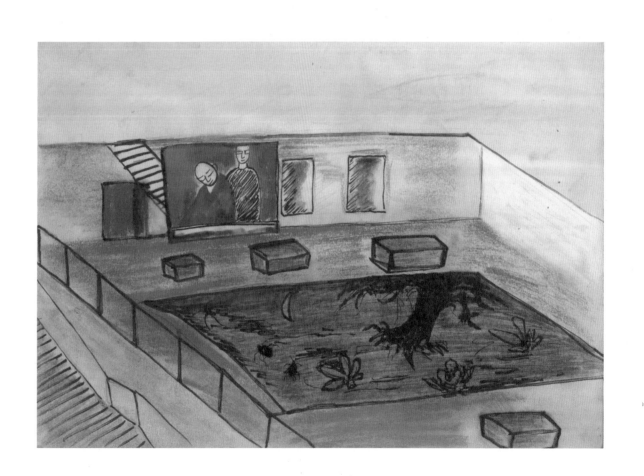

모든 현상계는 꿈, 허깨비, 물거품, 그림자, 이슬, 번개 같으니 마땅히 이와 같이 볼지니라.—『금강경』[1]

차이밍량 감독은 2013년 베니스영화제에서 〈떠돌이 개〉를 공개하고 벼락같은 말을 전했다. 더 이상 상업적인 방식으로 영화를 만들지 않겠다는 선언이었다. 이후 그가 내놓은 영화는 〈무색無色〉(2012)에서 시작된 '행자 연작'이었다. 붉은 승복을 입은 행자, 이강생 배우가 맨발로 느리게 걷는 영화였고, 감독은 창작자의 자유를 제한하지 않는 작업을 지속하겠다고 했다. 타이베이에서 시작된 행자 이강생의 발걸음은 홍콩, 말레이시아 쿠칭, 대만 북부 주앙웨이, 마르세유, 도쿄를 거쳐 워싱턴 DC까지 이르렀고 점점 도시를 늘려가며 지구 위를 걷고 있다. 2024년 그는 행자 연작의 10번째 영화 〈무소주無所住〉[2]를 완성했다. 그간 차이밍량 감독은 예술의 형태로서 영화에 집중하면서도 미술관으로 더 가까이 가 그의 작업을 전시하고, 퍼포먼스와 설치의 형태로도 선보였다. 그의 선택은 예술가로서의 결단이었겠지만, 결과적으로 현대영화의 흐름과 그 궤를 같이한다.

90년대를 기점으로 영화제들은 예술영화라는 테두리 안에서 '작가'를 소개하는 창구가 되었다. 차이밍

一切有為法 如夢幻泡影 如露亦如電 應作如是觀。
—《金剛經》

因為一切世間的有為諸法，就像夢境一樣非真非虛、幻化無實，猶如夢中執為真實，醒來後發現不過是南柯一夢；又猶如清晨的朝露，太陽一出來就化為蒸氣消失了。所以，水泡易滅，影子難存；勢如驟雨將臨時的閃電，瞬間即滅，實無可住之體。對待這世間的諸相種種，我們應當如是觀照思維。

　　蔡明亮導演在2013年威尼斯電影節以《郊遊》獲獎，並留下了雷霆萬鈞的話，宣佈不再以商業方式製作電影。之後在他推出的電影《無色No Form》（2012）開始了《行者》系列。這是身穿紅色僧服的行者—演員李康生赤腳緩慢行走的電影，蔡明亮導演表示將繼續進行不限制創作者自由的工作。從台北開始的行者李康生的腳步經過香港、馬來西亞古晉、台灣北部的壯圍、馬賽、東京，一直到華盛頓DC，逐漸增加城市，行走在地球上。2024年，他完成了行者系列的第10部電影《無所住Abiding Nowhere》。此前，蔡明亮導演以藝術的形式集中於電影，更靠近美術館進行展示、表演和設置的工作。

All conditioned phenomena are like a dream, an illusion, a bubble, a shadow; like dew, a flash of lightning. Thus we shall perceive them as such.—Diamond Sutra[3]

Following the premiere of *Stray Dogs* at the Venice International Film Festival in 2013, Tsai Ming-Liang made an unexpected announcement. He declared that he would no longer make films to meet the commercial film industry's expectations. His next directorial venture was the Walker Series, the first of which was *No Form* (2012). The film featured the walker—a monk in a red robe—portrayed by Lee Kang-Sheng, walking barefoot at a slow pace. Tsai Ming-Liang expressed his commitment to continuing his work without restricting the creator's freedom. The walker Lee Kang-Sheng's footsteps, which began in Taipei, continued through Hong Kong, Kuching (Malaysia), Zhuangwei (northern Taiwan), Marseille (France), Tokyo (Japan), and Washington DC (United States), with ongoing walks across the Earth in more cities around the world. In 2024, he completed *Abiding Nowhere*, the 10th installment in the Walker Series. During that time, Tsai Ming-Liang focused on film as an art form, increasingly engaging with art museums, putting on exhibitions, performances, and installations. His decision likely stemmed from his identity as an artist, but

(1) 금강경 사구게(金剛經 四句偈).
(2) 무소주無所住: 머무는 바 없다.

(3) A four-line poem in the Diamond Sutra (金剛經 四句偈).

량 감독 역시 금마장영화제에서 〈청소년 나타〉(1992)를 선보인 이후 베를린, 토론토 등의 영화제에서 소개되었고, 〈애정만세〉(1994), 〈하류〉(1997), 〈구멍〉(1998), 〈거기는 지금 몇 시니?〉(2001)로 이어진 그의 필모는 칸, 베니스, 베를린 등 영화제를 거쳐 여러 나라에서 개봉되기도 했다. 그의 6번째 장편영화 〈안녕, 용문객잔〉(2003)은 폐관을 앞둔 영화관을 그리며 시대의 반영이자 상징적 작품으로 영화의 죽음에 관한 질문을 던졌다. 이 영화가 공개되고 20년이 지난 지금, 영화관들은 점점 사라졌고, 개봉이 모호해진 예술영화는 영화제 외에는 갈 곳이 없는 실정이다. 오히려 미술관이 무빙이미지로써 영화를 소개하기 시작했다. 이러한 흐름은 영화가 어떻게 보여야 하는지, 영화는 무엇인지에 관한 질문을 이끌었고 차이밍량의 행자 연작은 이 질문을 내포한다.

행자 연작은 서유기의 승려, 삼장법사에게서 시작됐다. 대중 소설은 삼장법사를 왕의 명을 따르는 순종적인 인물로 그리고 있지만 차이밍량이 읽은 고서에서 그는 저항의 기질을 지닌 사람이었다고 한다. 산스크리트어로 된 불경 원본을 구하기 위해서 여행금지령을 거스르고 길을 떠났기 때문이다. 이는 독립적인 영화제작을 선언한 차이밍량이 영화의 본질을 찾아 떠난 여정과도 맞닿아 있다.

차이밍량의 행보는 하나의 이미지를 떠올리게 한다. 그것은 거대한 협곡의 꼭대기에 서 있는 한 그루의 나무이다. 나는 20년 전 지구의 배꼽이라고 불리는 사막으로 여행을 떠났었고 하얀 나무를 만났다. 지독한 태양이 직선으로 내리쬐는 곳에 굳건히 살아 잎을 피우는 몇 안 되는 식물 중 하나였다. 고요한 사막에서 침묵과 단둘이 위치한 이 나무는 아이러니하게도 '말하는

雖然他的選擇是身為藝術家的決斷，但就結果而言，卻與現代電影的潮流一脈相承。以90年代爲起點，電影節在藝術電影的框架下成爲介紹『作者』的窗口。蔡明亮導演也在金馬獎電影節上推出了《青少年哪吒》(1992年)，隨後在柏林、多倫多等電影節上被介紹，《愛情萬歲》(1994年)、《河流》(1997年)、《洞》(1998年)和《你那邊幾點？》(2001年)陸續放映。他的電影作品曾先後在坎城、威尼斯、柏林等電影節上放映。他的第六部長篇電影《不散》(2003年)描繪了即將關門的電影院，作為反映時代的象徵性作品，拋出了有關電影死亡的問題。該片發表10年後，蔡明亮的腳步走向了美術館。這部電影放映20年後的今天，電影院逐漸消失，定位模糊的藝術電影除了電影節之外別無他途。反而是美術館開始以移動形象來介紹電影，這種趨勢帶動了電影應該如何表現、電影是什麼等提問，蔡明亮的《行者》系列是包含該問題的作品。

《行者》系列作品始於西遊記的唐玄奘。大眾小說將三藏法師描繪成聽從王命的順從者，但在蔡明亮閱讀的古書中，他是具有抵抗精神的人物。因為玄奘法師為了尋找梵語佛經原籍，他違反了旅行禁止命令 defies the state's travel ban，走上求經之路，這與宣佈獨立製作電影的蔡明亮尋找電影本質的旅程相吻合。

蔡明亮的行動讓人聯想到一個形象——一棵矗立在巨大峽谷頂端的樹。20年前，我前往被稱爲地球肚臍的沙漠旅行，並與一棵白樹相遇，那是為數不多，能在烈日直射下苦壯成長並抽葉發芽的植物之一。在寂靜的沙漠中與沉默獨處的這棵樹，很諷刺地，被稱為『說話之樹 talking tree』。因為只要把耳朵貼在這棵樹的樹

consequentially it was in line with a broader trend in contemporary cinema.

During the 1990s, film festivals emerged as platforms for introducing "auteurs" within the realm of art cinema. As such, following the premiere of his debut film *Rebels of the Neon God* (1992) at the Golden Horse Film Festival and subsequent screenings at film festivals such as Berlin and Toronto, Tsai Ming-Liang's subsequent films *Vive L'Amour* (1994), *The River* (1997), *The Hole* (1998), and *What Time is it There?* (2001) were featured at Cannes, Berlin, Toronto, and other prestigious film festivals before their theatrical releases worldwide. His sixth feature *Goodbye, Dragon Inn* (2003) depicted a movie theater on the verge of closure, and it served as a poignant commentary that reflected the current of the times and posed questions about the death of cinema.

And now, twenty years since *Goodbye, Dragon Inn*, movie theaters have gradually decreased in number, and art films whose theater release has become uncertain have nowhere else to go other than to film festivals. Instead, art museums have begun to embrace films as "moving images." Such trend has sparked discussions about how films should be experienced and what defined them. Tsai Ming-Liang's Walker Series engages with these questions.

The inspiration for the Walker Series can be traced back to the Buddhist monk in the classic Chinese novel *Journey to the West*. While the popular novel paints the Buddhist monk Xuanzang as an obedient individual who followed the emperor's orders, the ancient text that Tsai Ming-Liang read revealed a more rebellious character—he defied the state's travel ban to embark on a quest in search of original Sanskrit Buddhist texts. This parallels Tsai Ming-Liang's own journey in pursuit of the essence of cinema after declaring his intention to produce films independently.

나무'talking tree'라 불렸다. 이 나무의 줄기에 귀를 대면 물 소리가 들리기 때문이다. 이 나무의 뿌리는 조금씩 아래로 움직여 수백만 년에 걸쳐 침식된 고대 사암 협곡을 관통해 지하까지 닿았고, 자기 몸통을 통해 협곡의 물줄기가 흘러가는 소리를 전달한다. 말하는 나무는 생명의 강인함을 온몸으로 증명하는 존재이지만 그 외양은 거대한 바위층 위에 홀로 서 있는 하얀 나무일 뿐이다. 사람들이 자기 몸에 귀를 댈 때까지는 어떤 비밀을 품고 있는지 말하지 않는다. 모든 것을 다 삼켜버릴 듯한 강렬한 자본의 열기와 시스템에 굴복하지 않고 자신만의 방법으로 뿌리를 내려 홀로서기를 하는 차이밍량 감독이 내게는 한 그루의 말하는 나무이다.

많은 감독들이 한번 이름이 알려지고 나면 더 큰 예산, 더 많은 스태프, 더 유명한 이들과 영화를 만드느라 공동제작 국가의 수를 늘려가고, 복잡한 계약의 수를 더하는 것과는 반대로 차이밍량 감독은 마치 수행자처럼 자신이 가진 것조차도 제거함으로써 그의 예술 세계를 더 간결하게 응축한다. 행자 연작에서 그는 이야기를 없애고, 인력을 축소하고, 영화적 세팅을 줄여 최소한의 것만 남겼다. 세상의 흐름을 역행하는 저항가이지만 그의 영화는 너무도 고요하다. 큰 소리를 내며 자신의 의견을 주장하고, 싸움을 선언하는 것이 아니라 그저 침묵 속에서 걷는다. 그 침묵은 거대한 세상이 아닌 행자 연작을 보는 관객 속으로 깊이 걸어 들어가 내면의 공간을 열어 보이고 영화를 보는 그 시간을 절실하게 체감케 한다. 창작의 자유를 선언하고 만든 10년간의 행자 연작 열 편은 소박하지만 위대하며 미학적으로 아름다운 영화 이상의 의미가 있다. '행자 연작'은 평화로운 저항가 차이밍량의 기개, 결단, 의지이자 온전한

幹上，就能聽到水的聲音。樹木的根部一點一點地向下移動，貫通數百萬年被侵蝕的古代砂岩峽谷，到達地下，吸收水分，透過自己的身體傳達峽谷水流流動的聲音。說話之樹雖是證明生命堅韌的偉大存在，但其外觀只是獨自矗立在巨大岩石層上的白色樹木。直到人們把耳朵貼在自己身上為止，它從不曾說出隱藏的秘密。不屈服於吞噬一切的強烈資本熱情，亦不屈服於體系，以自己的方法紮根獨立生活的蔡明亮導演對我來說就是一棵說話之樹。

很多導演一旦出了名，就會為了與更大的預算、更多的工作人員、更有名的人一起製作電影而東奔西走，也為了增加共同製作國家的數量，簽訂複雜的契約。與此相反，蔡明亮導演就像修行一樣，連自己擁有的東西也加以去除，好讓他的藝術世界更加簡潔和凝縮。在《行者》系列中，他刪減故事、減少人力、縮減電影的設置，只留下了最少的部分。雖然這與世界潮流背道而馳，但他的電影卻非常沉靜，不是大聲地主張自己的意見，宣佈戰鬥，而是在沉默中行走。這種沉默追求的不是巨大的世界，而是深入到觀看《行者》系列作品的觀眾心中，打開他們內心的空間，切實感受到觀看電影的時間。宣佈創作自由後製作的10年間這10部《行者》系列作品雖然樸素，但具有超越偉大、美學上美麗的電影之意義。《行者》系列作品是平和的抵抗家蔡明亮的氣概、決斷、意志，也是透過完整的創作自由，走向電影本質、藝術本質、存在本質的一步。這也是實踐他所做的事情以不與人生精神衝突的方式生活的決心。

《行者》系列作品是極限和自由兩個極端的概念在蔡明亮這位藝術家的世界裡誕生的全新宇宙。在不

Tsai Ming-Liang's actions remind me of a single image. Twenty years ago, I traveled to a desert known as the navel of the world, where I stumbled upon a white tree. It was one of the few plants that stood under the relentless sun beating down. Ironically, this tree, nestled in the tranquil desert with only silence for company, is dubbed the "talking tree." Its moniker comes from the faint sound of water coursing through its veins that you could hear when you pressed an ear against its trunk. Slowly but steadily, the tree's roots extended downward, piercing through ancient sandstone canyons that have weathered over millions of years to reach the underground, where it takes up water and carries the murmur of the canyon's stream through its trunk. The talking tree is a remarkable organism that proves the resilience of life with its entire being, yet its outward appearance is merely that of a white tree standing alone on a massive layer of rock. It divulges no secrets until people lean and press their ears against its body. Like the talking tree, Tsai Ming-Liang stands firm, setting down his roots in his own way amid the intense heat of capitalism that seems capable of devouring everything and refusing to bow to the system.

Many filmmakers, upon achieving recognition, tend to expand their work by making films with larger budgets, more staff, and collaborations with more famous figures in the film industry, and thus increasing the number of countries for coproductions and complex contracts. In contrast, Tsai Ming-Liang takes a different approach, stripping away even his own possessions almost ascetically to create a more streamlined and condensed artistic world. In his Walker Series, he discards conventional storytelling, reduces the film crew, and minimizes cinematic settings, focusing only on the essential elements. Despite his rebellious nature, swimming against the current of the world, his films

창작의 자유를 통해 영화의 본질, 예술의 본질, 존재의 본질로 다가간 발걸음이다. 자신이 하는 일이 삶의 정신과 충돌하지 않는 방식으로 살겠다는 결심을 실천한 결과이기도 하다.

행자 연작은 한계와 자유라는 극단에 서 있는 것으로 보이는 두 개념이 차이밍량이라는 한 예술가의 세계 속에서 뒤섞여 탄생한 새로운 우주이다. 팽창하는 빅뱅의 대척점에서 현대 영화의 정수를 정제하고 응축시킨, 영화라는 시각예술을 지속할 수 있는 새로운 형태를 발견한 것이기도 하다. 누군가 언급했듯이 영화의 죽음은 영화가 만들어지지 않는 것도, 산업이 죽는 것도 아니다. 영화다운 영화가 만들어지지 않는다는 것일 테다. 차이밍량이야말로 영화의 죽음이라는 사막에서 영화다운 영화를 이어가는 생명줄이다.

물론, 행자 연작은 영화 예술의 산업적 변화와 영화사에 의미가 있고, 미학적으로도 아름다운 영화이지만 동시에 벼락같은 깨우침을 주는 영화이기도 하다. 이강생은 행자 연작에서 실제 있는 장소, 사람들이 살아가는 과정에서 통과하는 삶의 공간을 걷는다. 어떤 목적도 없어 보이고, 무언가를 이루는 것 같지 않고, 세상에 쓸모라고는 없어 보이는, 이 무용한 이강생의 무한 반복되는 느린 움직임을 보고 있자면 가장 강렬하게 살아서 존재한다는 느낌을 받는다. 또한 제대로 된 느림을 체험해 본 적이 없다는 것도 알게 된다. 그리고 삼장법사가 불경을 통해 전하려고 했던 삶의 진리에 다다른다. 어느 것도 멈춰있지 않다는 것, 삶은 끊임없는 움직임이고 지속해서 살아 나가는 길밖에 없다는 것. 이강생이 내딛는 한 발짝이란 실은 온몸이 흔들릴 정도로 힘든 일이며, 발을 내딛기 위해서는 온몸과 정신을 순

斷膨脹的大變革對立面，他將現代電影的精髓提煉和凝縮在一起，找到能夠持續電影這一視覺藝術的新形態。正如有人所說的，電影的死亡不是電影無法製作之處，也不是產業死亡，而是無法製作出真正像電影一樣的電影。蔡明亮無疑是站在如同沙漠般的死亡電影前方，懷抱著生命的能量，延續像電影一樣的電影。

當然，《行者》系列作品在電影藝術的產業變化和電影史上具有重要意義，在美學上也是一部美麗的電影，同時也是一部給人以啟迪的電影。李康生在《行者》系列作品中走的是實際存在的場所，貫通人們生活過程的生存空間。看起來似乎沒有任何目的，也沒有實現什麼，在世界上似乎毫無意義，但看著這個無用的李康生的緩慢動作無限反覆，就會感受到最強烈的活著和存在的意義。然後到達三藏法師想要透過佛經傳達的人生真理，沒有任何東西是靜止的，生活是不間斷的移動，我們只能持續地生活下去。但就像為了邁出這一步而伸出步履，全身就會動搖一般，要想邁出難以平衡的人生一步，就要集中於這一瞬間。這是為了自己的人生而集中，或者給從未停止過的資本中的我們呈獻上時間的禮物。我們真的還需要什麼嗎？我們的生活中看到了什麼、感受到什麼？在一個充滿刺激和掙扎才能生存的世界裡，我們能夠生存下去的方法可能正是自己正確地看待世界。因此，《行者》系列作品是淨化藝術最大功能之一的靈魂，即我們人生的生命線，也是一部喚醒如何生活的政治電影，更是一部邀請我們進入私人空間的電影。

在第25屆全州國際電影節上，介紹了《行者》系列作品，並且為了幫助觀眾理解而準備了這本書。蔡明亮導演和全州國際電影節的緣分是從第一屆電影

are remarkably quiet. Instead of loudly asserting his opinions or declaring statements, he simply walks in silence. This silence walks deep into the viewers watching the Walker Series, opening up inner spaces and making them keenly aware of the passage of time as they experience his films. The Walker Series, which Tsai Ming-Liang has worked on for a decade since declaring his commitment to creative freedom, is more than a collection of humble yet great and aesthetically beautiful films. It is a reflection of the spirit, determination, and will of Tsai Ming-Liang's peaceful rebellion, taking steps toward the essence of film, the essence of art, and the essence of existence through unbridled creativity. It also stands as a testament to his steadfast dedication to a way of life that does not clash with the spirit of life.

The Walker Series is a new universe born of within Tsai Ming-Liang's artistic domain, where the seemingly contradictory concepts of limitation and freedom converge. It is where the essence of contemporary cinema is distilled and condensed; the discovery of a new form in which the visual art of filmmaking can be sustained. As someone once noted, the death of cinema is not absence of films being made or the collapse of the industry; rather, it is the absence of films that truly capture the essence of cinema. Tsai Ming-Liang, embodying the energy of life in the face of cinema's desert-like demise, continues to create films that are truly cinematic.

Indeed, the Walker Series is significant within the changing landscape of the cinematic art industry and in film history, and it is also an aesthetically beautiful contribution to cinema. Yet it is also a collection of films that serve as a lightning bolt of awakening. In the series, Lee Kang-Sheng walks through real-life places— living and breathing spaces that people traverse in their lives. Watching the endless repetition of his seemingly purposeless, unproductive, futile, and useless slow mo-

간에 집중해야 한다는 것 말이다. 자신의 인생을 위해 집중하거나 정지해본 적 없는 자본 속의 우리에게 시간을 선물하는 것이다. 우리에게 정말 더 무언가 필요한가. 우리는 무엇을 보고, 느끼며, 살아가고 있는가. 자극적이고, 발버둥을 쳐야만 살아남는 세계에서, 우리가 살아갈 방법은 스스로 세계를 제대로 바라보는 것일 수도 있다. 그렇기에 행자 연작은 예술의 큰 기능 중 하나인 영혼을 정화해 주는 역할을 수행하는 영화이자 어떻게 살아야 하는지를 깨우치는 정치적인 영화이다.

25회 전주국제영화제는 행자 연작을 소개하며 관객들의 이해를 돕기 위해 이 책을 준비했다. 차이밍량 감독과 전주국제영화제의 인연은 1회 영화제를 준비하며 김소영, 정성일 당시 프로그래머가 기획한 '디지털삼인삼색'에서 시작됐다. 이들은 디지털이 아마추어의 산물로 취급받던 시기, 영화의 산업적 미학적 확장을 위한 대안으로 디지털 단편 영화를 감독들에게 제안했고, 그중 한 명이 차이밍량 감독이었다. 이 제안으로 차이밍량 감독의 첫 번째 디지털 단편 〈신과의 대화〉(2001)가 탄생했다. 차이밍량 감독과 함께 혁신과 대안의 길을 걸어온 두 분과 국립아시아문화전당 개막작으로 퍼포먼스 「당나라 승려」(2015)를 기획한 김성희 예술감독, 세계 여러 곳에서 영화적 교류로 차이밍량 감독과 만난 두 감독, 주앙 페드로 호드리게스, 마르틴 레흐만, 차이밍량의 작업에 관해 꾸준히 글을 써온 비평가 에이드리언 마틴, 최근 로카르노영화제에서 전시를 기획한 케빈 리까지 7명의 소중한 인연들에게 차이밍량 감독에게 보내는 러브레터를 요청드렸다. 차이밍량 감독과 연결된 순간을 그려달라고 했기에 이 책은 '시간의 모음'이기도 하다.

節開始，也是始於當時策劃者金素英、鄭成日企劃的《數位三人三色》。他們在數位技術被視爲業餘產物的時期，爲了擴大電影的產業美學，向導演們提議了數位短篇電影，其中一人就是蔡明亮導演。因爲此提案，蔡明亮導演的第一部數位記錄短片《與神對話》(2001年)於焉誕生。與蔡明亮導演一起走過革新和替代之路的這兩位，加上企劃國立亞洲文化殿堂開幕作品《玄奘》(2015年)的藝術導演金成熙、在世界多個地方透過電影交流與蔡明亮導演熟識的兩位導演—朱奧·佩德洛·羅德利蓋斯João Pedro Rodrigues與馬丁·萊赫曼MARTÍN REJTMAN、對於蔡明亮的作品不斷書寫的評論家艾德里安·馬丁、最近在盧卡諾影展中策劃展覽的凱文·李等七名珍貴緣分而準備了這本書，並向蔡明亮導演寄送出情書。因爲要求描繪與蔡明亮導演每一個關聯的瞬間，這本書其實也是『時間的聚合』。

由於設計師們的優秀技巧，這本書以讀者們如同行者行走一般，緩緩翻開書頁，偶爾會與某人的想法相遇的形式編寫而成。正如某位詩人所說的，『活著就是愛，這句話必須發出聲來』，我們在此傳達了蔡明亮的電影和人生，以及我們對他的愛。同時，藉此機會，我們要向爲製作此次特別展和單行本而成爲我們的嘴和耳朵的Claude Wang製作人、對於漢字和佛教所知不多的我們提供協助的Sunny Kim代表表示特別的感謝。

蔡明亮導演以沒有形態的《無色》揭開《行者》序幕，並以《無所住》推展第10部電影。希望通過此次特別展，向觀衆傳達金剛經—即通過全部的電影，傳達一切都沒有固定，所有的事物都會改變的智慧，我們只是行走在生命的瞬間，並不斷前行。

vements paradoxically evokes the most intense sense of being alive, of existence itself. And in witnessing this relentless cycle we reach the profound truths of life that the monk Xuanzang meant to convey through the Buddhist scriptures—nothing stands still; life is a continuous movement, and we must keep on living. Yet when we strive to take one step forward in life, trying to find a balance as putting one foot forward to take a step makes our entire bodies shake, we come to the realization that we must focus on the present moment, whether it is dedicating ourselves to our own lives or offering time to ourselves amid the relentless pace of capitalism. Do we really need more? What are we truly looking at, feeling, and living for? In a world characterized by constant stimulation and struggle for survival, perhaps the key to living lies in looking properly at our own selves and at the world more accurately, inwards. Hence the Walker Series serves as a lifeline in our lives that purifies our souls and awakens us to how we should truly live; it is a politically charged series of films that helps us realize how we must live. These films invite us into the chamber of contemplation.

The 25th Jeonju International Film Festival has compiled this book to introduce the Walker Series and facilitate a deeper understanding for our audiences. Our film festival's ties with Tsai Ming-Liang go back to the Jeonju Digital Project, launched in our inaugural year initiated by programmers Soyoung Kim and Jung Sung-il. They proposed the production of digital short films to filmmakers as an alternative for the industrial and aesthetic expansion of cinema during a time when digital filmmaking was still considered amateurish. Tsai Ming-Liang was among the filmmakers involved, and the project culminated in the creation of his first digital short film, *Conversation with God* (2001). In preparing for this book, we reached out to seven personalities with

디자이너들의 훌륭한 기지로 이 책은 독자들이 행자처럼 걷듯이 책을 천천히 넘기다 누군가의 생각을 간간이 만나는 형태로 엮었다. '산다는 것은 사랑한다는 것이다. 그 말을 발음해야만 한다.' 어느 시인이 말했듯 여기 차이밍량의 영화와 살아온 삶을, 그에 대한 우리의 사랑을 전한다. 더불어 이 자리를 빌려, 이번 특별전과 단행본 제작을 위해 우리의 입과 귀가 되어준 클라우드 웡Claude Wang 프로듀서, 한자와 불교의 무지에 도움을 준 서니 김Sunny Kim 대표에게 특별한 감사를 전한다.

형태가 없다는 〈무색無色〉으로 행자의 첫 포문을 연 차이밍량 감독이, 머무는 바 없다는 〈무소주無所住〉로 열 번째 영화를 소개한다. 우리를 사유의 방으로 초대하는 '행자 연작' 특별전을 통해 무엇도 고정된 것은 없고, 모든 것은 변한다는 금강경의 지혜가 관객에게 오롯이 전달되길 바란다. 우리는 그저 삶의 순간을 걸어 나아갈 뿐이다.

special ties to Tsai to write heartfelt love letters addressed to him. These include two collaborators Soyoung Kim and Jung Sung-il who have walked the path of innovative and alternative cinema alongside Tsai; Kim Seong-Hee, the artistic director who curated *The Monk from the Tang Dynasty* (2015) as the opening performance for the Asia Culture Center; filmmakers João Pedro Rodrigues and Martin Rejtman, who crossed paths with Tsai through cinematic exchanges around the world; film critic Adrian Martín, who has consistently written about Tsai's work; and Kevin B. Lee, who curated an exhibition at the recent Locarno Film Festival. We asked them to share their reflections on moments they connected with Tsai Ming-Liang, and as such this book a tapestry of "moments in time."

With the skilled touch of the designers, this book is crafted to be savored slowly, allowing readers to encounter the writers' thoughts sporadically, much like the journey of the Walker. As some poet once said, "To live is to love. We must speak those words." Here, we touch on Tsai Ming-Liang's films, the life he has lived, and express our love for them. Additionally, we extend our heartfelt gratitude to the producer Claude Wang as well as Sunny Kim, whose assistance with Chinese characters and knowledge of Buddhism were invaluable in putting together this special exhibition and publication.

Tsai Ming-Liang who began his Walker Series with *No Form* (無色) now introduces his tenth film *Abiding Nowhere* (無所住). Throughout his films, he conveys the wisdom of the Diamond Sutra: "Nothing is fixed, everything is subject to change." Through this special exhibition, we hope to convey this wisdom to the audience. After all, we are simply walking through the moments of life.

행자 연작에 관한 차이밍량 감독과의 인터뷰

2024년 2월 17일 인터뷰어 문성경

Q1. '행자 연작'을 시작할 때 삼장법사가 불경(4)을 얻기 위해 인도로 순례를 떠나는 『서유기』(5)에서 영감을 얻었다고 들었습니다. 감독님의 시선을 사로잡은 것은 무엇이었나요?

중국인이라면 누구나 『서유기』를 압니다. 『서유기』가 신화라는 사실, 신화화된 콘텐츠라는 것도 압니다. 그러나 그 중심 캐릭터인 삼장법사는 실존 인물입니다. 그는 신화에 의해 덮이고 가려져 저평가된 캐릭터입니다. 저는 어른이 되고 나서 실제 삼장의 전기를 읽은 뒤에 그를 정말로 더더욱 좋아하는 마음이 생겨났습니다. 그는 비범한 캐릭터입니다. 왜냐하면 일단 그 시대는 대략 1400년 전입니다. 그때 당시를 상상해 보면 교통도 불편하고 지리정보도 정확하지 않으며 심지어 동양과 서양도 분간하기 힘든 그런 상태였습니다. 그럼에도 불구하고 삼장은 불경을 얻기 위해, 그 경문을 직접 눈으로 보기 위해서 시안에서 인도까지 그 먼 길을 걸어갔습니다. 이는 실제로 있었던 이야기입니다. 게다가 그는 당시 중국을 떠나는 게 금지되어 있

(4)　편집자주: 불경—불교의 교리를 밝혀놓은 경전.
(5)　편집자주: 『서유기』는 중국 고전으로 당나라의 승려 삼장법사가 불경을 가지러 서역으로 가는 길에 온갖 고난을 거치고 마침내 불경을 가지고 돌아온다는 이야기이다.

與蔡明亮導演就《行者》系列作品進行的訪談錄

2024年2月17日 採訪者 文晟昊

Q1. 聽說《行者系列作品》開始之時，是從描述三藏法師為了求取佛經而前往印度的《西遊記》中獲得靈感。吸引導演您視線的部分是什麼？

我們所有的華人都很熟悉西遊記，因為那是一個神話，被神化過的一個內容。但是它的中心人物玄奘是一個事實存在的人物。我們在看神話的時候，玄奘這個角色是一個被低估的角色，被神話掩飾掉的一個角色。但是如果你去看真正的傳記，你會發現這個角色非常厲害。所以我一直都非常喜歡玄奘，這是我長大之後，閱讀了這個傳記之後才有的心情。主要是因為在那個年代，大概是一千四百多年前，我們可以想像到那是一個交通非常不便的一個時代，或者是地理的資訊很模糊的一個時代，東、西方都搞不清楚這樣的一個狀態。但是這個和尚為了要取經，去證實那個經文，去看到真正的經文，他一個人用走路的方式從西安走到印度。這是一個真實的事件。而且當時他是被禁止離開中國的。所以他用偷渡的方式經過沙漠，像這個過程其實非常震撼人的。看到那個描述的當時，我是非常被感動的。可以說是他的精神感染到我，影響我很深。

AN INTERVIEW ABOUT THE WALKER SERIES

by Sung Moon on February 17th, 2024

Q1. I heard that you started the Walker Series, inspired by the novel, *Journey to the West*(6), especially the Buddhist monk Xuanzang's pilgrimage to India to obtain Buddhist sūtras(7). What sparked your interest in this story?

Journey to the West is a story familiar to everyone in the Chinese-speaking world—a legend, a story made into a legend. But the central character, the monk Xuanzang, actually existed. The legend that we all read back then downplayed Xuanzang's role, it gets airbrushed over. As an adult, I read the actual biography of the real Xuanzang, and I was moved by the kind of person he was. He's an extraordinary character.

Basically this was a time about 1400 years ago, so you can just imagine how hard travelling was, and how little information was available about other places, people had no idea about the West or the East. But then you have this monk who travels to get hold of the scriptures, to see them for real, cast his own eyes upon them, and he's walking alone from Xi'an all the way to India.

(6)　*Journey to the West* is a Chinese novel that details an extended account of the legendary pilgrimage of the Tang dynasty Buddhist monk Xuanzang, who traveled to the Western Regions (Central Asia and India) to obtain Buddhist sūtras and returned after many trials and much suffering.
(7)　Buddhist sūtras are Buddhist scriptures and sacred texts that contain the teachings of Buddhism.

Sand (2018).

었습니다. 삼장은 몰래 국경을 넘어 사막을 건넜어
요. 그 여정을 생각하면 실로 충격적이지 않을 수
없습니다. 저는 삼장의 전기에서 이 부분의 묘사를
보고 큰 감동을 받았습니다. 삼장의 정신이 저를
감화시켰습니다. 영향이 꽤 컸지요.

제 삶에서 가장 중요한 세 남자를 꼽으라면,
제 아버지, 이강생(李康生), 과거 인물인 삼장입니
다. 2011년 타이베이에서 「오직 당신만이Only You」
라는 무대극을 올린 적이 있습니다. 이강생에게
모노드라마를 부탁했지요. 저는 그에게 세 가지
역할을 맡아달라고 했어요. 그 자신과 제 아버지,
그리고 삼장을요. 그 연극을 하면서 이강생이 만
들어 낸 아주 느린 걸음의 행위는 삼장의 정신과
관념을 보여주는 그런 걸음이었어요. 삶과 죽음
을 따지지 않고 앞으로 나아가는 것, 그것이 삼장
의 정신입니다. 생사에 대한 개념 없이, 쭉 앞으로
나아가기만 합니다. 심지어 그 목적성이라는 것이
모두 소멸되어 버리더라도요. 물론, 경전을 얻는
게 목적이었지요. 하지만 당시 삼장이 사막에 발
을 들여놓았을 때 이미 목적성은 사라진 겁니다.
살지 죽을지도 모르는데, 이 사막을 건너갈 수 있
을지 없을지도 모르는데 말이에요. 자기가 걸어서
사막을 건너갈 수 있다고 상상하는 사람은 없을
겁니다. 그래서 그의 정신은 대단한 겁니다. 그게
정신이죠. 목숨 같은 거죠.

한국 사람들도 삼장법사를 아나요? 현실 속
의 그는 황제의 명을 어기고 도망간 겁니다. 반역
자라 할 수 있어요. 나중에 왕이 귀국을 받아들였
으므로 국사의 자리에 올랐지만 젊은 시절에는 반

我自己覺得在我的生命裡面有三個男人很重要，一
個是我的父親，一個是李康生，一個是玄奘，是
以前的歷史人物。二零一一年，我在臺北做一個舞
臺劇，請李康生演一個獨角戲，我要李康生演三個
角色：一個是他自己，一個是我的父親，一個是玄
奘。因為演那個舞臺劇，李康生發展的一個很慢的
走路行為是一種玄奘精神的概念的行走。所以我
才決定把它變成影像的發展。置生死於度外，一路
往前，這就是他的精神。就是已經沒有生死的概念
了，一直往前。甚至那個目的性被消失掉。好像取
經是一個目的，可是你可以想像當年這個和尚踏上
沙漠的時候，其實他的目的性就消失了。你可以理
解嗎？因為你生死未卜嘛。你怎麼知道你能不能通
過這個沙漠，沒有人可以想像自己可以走路通過一
個沙漠。所以他的精神很厲害。這是精神，跟生命
一樣。韓國人知道玄奘嗎？在現實中他是不遵守皇
上指令的，他是逃出去的。他可以算是一個叛逆
者，只是後來國王歡迎他回來的。所以他才變成一
個國師的意思。他年輕的時候是一個叛逆者，所以
我覺得玄奘本身跟《行者》本身也是一個叛逆的概
念。整個《行者》的概念是一個反叛的一個概念，
有個叛逆的概念在裡面。跟現代這個世界的速度在
做一個反叛。

Q2. 聽說這個計畫是從《Only You》的演出出發的，
您是否曾有過要將其拍成電影的契機？

我們在排戲的時候，我要李康生從左舞臺走到右舞
臺。我要他這個步法，這個過程，我要他這個從

This journey actually took place. And it was for-
bidden for him to leave China, so he crossed illeg-
ally through the desert. It's a mind-blowing thing
to have done, the whole account of the journey
left a mark on me.

What did it for me was his ethos, it stayed
with me. I'd go as far as to say there have been
three important men in my life: my father is one,
Lee Kang-Sheng is another one, and Xuanzang is
another, someone from the past. I put on a play
Only You in Taipei in 2011, it was a one-hander fea-
turing Lee Kang-Sheng and I made him play three
parts. Himself, my father, and Xuanzang. Going
on stage, Lee Kang-Sheng came up with this way
of walking extremely slowly, walking as a spiritual
practice from Xuanzang.

Not being preoccupied with life and death,
just going forwards and onwards. That was the
Xuanzang ethos. Life and death were completely
absent from his mind, he just kept going forwards.
Not thinking even of a goal. You could say getting
the scriptures was his goal, but then put yourself in
the shoes of this monk walking into the desert all
those years ago—you've no longer got an objective.
Because you don't know if you'll live or die, there's
no way of knowing if you'll get to the other side of
the desert. No one can grasp the idea of crossing a
whole desert on foot. So his ethos was really quite
astonishing. That's the ethos. A way of being.

Do they have the Xuanzang story in Korea?
The real story was that he violated an imperial
edict and escaped. Basically a rebel. But the ruler
welcomed him back, and that's how he became a
state-appointed minister of religion. The younger
Xuanzang was a rebel, I think of both Xuanzang
himself and The Walker as rebels. The whole idea

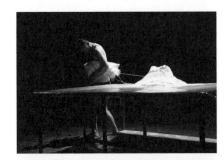

Theatre play *Only You.*

역자였습니다. 그래서 삼장이라는 인물과 '행자'라는 영화에는 반골의 개념이 녹아 있습니다. '행자' 전반에 저항의 정신이 담겨 있습니다. 그건 현대 세계의 속도에 대한 저항이기도 합니다.

Q2. 이 프로젝트가 「오직 당신만이」라는 무대극에서 시작됐다고 하셨는데, 영화화해야겠다고 생각하신 계기가 있었나요?

우리가 공연 리허설을 할 때 제가 이강생에게 무대 좌측에서 우측으로 걸어보라고 했어요. 그 걸음걸이, 그 걷는 과정을 요구했어요. 그가 무대 왼쪽에서 걸어서 오른쪽으로 이동하는 과정이 무척 힘들었으면 했어요. 그리고 시간성도 느껴졌으면 했고요. 아주 긴 시간의 느낌, 힘겨워하는 느낌을 원했어요. 우리는 여러모로 정말 생각을 많이 했습니다. 심지어 안무가를 초빙해서 연기동작을 디자인하기도 했습니다. 하지만 이강생이 자연스럽지 않다고 해서 연극에 쓰지는 않았어요. 나중에 이강생은 자기 방식대로 걸어보겠다고 제게 말했고, 그렇게 걷기 시작했습니다. 그래서 그가 걷던 그 찰나, 그가 왼쪽에서 오른쪽으로 그날 대략 17분을 걸었는데요, 바로 그 찰나였어요. 저는 삼장 부분에서 그를 보다가 정말 전율을 느꼈습니다. 그 전율이 몸으로 전해지는 그런 느낌이었습니다. 왜냐하면, 그는 목이 불편해요. 원래부터 목에 문제가 있어서 걸을 때 편안한 느낌을 찾으려 했고, 그의 몸이 곡선처럼 구부러졌습니다. 그리고 나서 그가 몸을 움직였을 때 너무 충격이었고, 아름답

左舞臺走到右舞臺的這過程非常困難，而且有時間性，有一個很漫長的時間的感覺，還有困難的感覺。我們做了非常多的思考，我甚至請了一個舞蹈家來幫小康設計一些動作，但是都沒有用，因為小康都覺得很不自在。後來他自己跟我講說，他要用他自己的方式走。他就開始走了，所以他走的那個剎那，他從左邊走到右邊的那一天，他大概走了十七分鐘。我當時在現場看他走的時候，其實很震撼。這個震撼是這個身體的感覺，因為他的脖子是不舒服的。他一直有脖子的問題，所以當他用這種方式走的時候，他必須要找到一個舒服的感覺，所以他的身體就出現一個曲線。然後這個身體在移動的時候，我非常震撼，覺得太美了，當下我就覺得要拍成電影。我當時的計劃是說，我要讓他這個很漂亮的移動被全世界看到，因為舞臺劇演完就沒有了，我當時的決定就是他這個走路可以發展成一部電影，一個影像的創作，所以我就決定要拍《行者》，就幫他設計。他在舞臺劇上不是這個造型，是一般的造型。但是我覺得他應該要把玄奘的那個概念帶進來，所以我就讓他穿了一個有點像是和尚的新衣服。紅色的那個袈裟，讓他剃光頭，讓他光著腳，用這個造型，決定要把他放在不同的世界的角落移動他的身體，然後同時可以看到這個世界。

Q3. 您和李康生演員合作了很長時間。這次他的演技是電影最重要的核心要素之一。再加上在前作中，李康生飾演面對日常困難的平凡人物，在《行者》系列作品中飾演和尚，您是否給過他什麼樣的演出指示，以及李康生的身體形態和動作是如何決定的？

behind the Walker Series is a rebellious one. It stands up against the speed of the world today.

Q2. As you mentioned, the Walker Series began with a performance of the National Theatre play *Only You*. What led you to the decision to turn Walker into a series of films?

It happened in a split second. In rehearsals I had been making Lee Kang-Sheng walk from stage left to stage right, with this kind of pace, progression, I wanted it to be an arduous trek from left to right. And one with an element of time, a real sense of a long passage of time, and a challenging feel. We worked on it a lot, I even brought in a choreographer to work on some of Kang-Sheng's movements, but it didn't help, for Kang-Sheng it somehow didn't feel right. And then he told me later on he wanted to do it his own way. He started walking, that's the moment he walked, that day it took him about seventeen minutes to walk from stage left to stage right. When I saw what he was doing it was a revelation, this sense of the body, given that he had neck trouble. He's always had neck trouble, and that means when he walks like that he has to find a comfortable way to do it, so he arcs his spine. Seeing the way this body of his moved, I thought it was stunningly beautiful, and I instantly knew I had to bring it to the screen.

My idea back then was to get the whole world to see these beautiful movements of his, because when you're on a theater stage, once the show is over it's gone. I realized that this way of walking of his could be made into a film, an audiovisual work. That is what became the Walker Series, I came up with that for him. He didn't have

Sand (2018).

행자 연작 慢走長征 系列作品 **WALKER SERIES**

다고 느꼈어요. 그래서 그 순간, 영화로 만들겠다고 생각했습니다.

그때 계획은 그의 아름다운 움직임을 전 세계에 보여주는 것이었습니다. 공연은 무대에 올리고 나면 사라지기 때문에 그가 걷는 모습을 영화나 영상으로 만들어야겠다고 생각했죠. 그렇게 '행자'를 찍기로 결정하고 이강생 캐릭터를 디자인했습니다. 공연 무대에서 이강생의 모습은 평범했어요. 하지만 영화에서는 삼장법사의 콘셉트를 가져오기 위해서 승려와 비슷한 옷을 입혔습니다. 붉은색 승복을 입히고 머리를 빡빡 밀고 맨발 상태로요. 그런 모습으로 지구의 어딘가에서 움직이는 이강생을 보여주면, 관객이 그가 걷는 공간도 함께 볼 수 있을 거로 생각했습니다.

Q3. 이강생 배우와 오랜 기간 함께 일을 해오셨어요. 이번에는 그의 연기가 영화의 가장 중요한 핵심 요소 중 하나입니다. 게다가 전작들에서는 이강생이 일상의 어려움을 마주하는 평범한 인물로 출연하는데, '행자 연작'에서는 스님으로 나옵니다. 그에게 어떤 연출 지시를 줬는지, 또 이강생의 몸 형태와 움직임은 어떻게 결정하셨나요?

제가 설명할 필요가 없었습니다. 그는 바로 이해했어요. 우리는 모두 삼장법사를 잘 알기 때문입니다. 그리고 이강생이 직접 걸음걸이를 만들어냈습니다. 저는 그에게 그저 걸으라고만 했습니다. 뭐랄까, 좀 설명하기 어려운데요, 저는 어떤 자세도 제한하지 않았습니다. 그는 매번 걸을 때 마다 조금씩 달랐지만 저는 상관없었습니다. 이강생의 몸이 편

不用指示，他自己就懂了。因為我們都對玄奘很熟悉，李康生自己發展的。其實我只要他走，有點難講，就説我沒有限制他任何的狀態。他每一次都會有一點不同，沒有關係，讓他的身體可以舒服就是最重要，所以李康生每一次走都會有一點點不一樣，我都沒有阻止他，我就讓他這樣子。甚至因為我知道這個移動，這個步伐是需要用身體的力量的。每次起腳到落下，後面的腳起來再落下，每一次這個過程都非常辛苦。所以我後來就發展成拍李康生最好只能拍一個TAKE就好，拍他走，每一次走路都只要走一次就好了，我不要重來，因為重來他很辛苦。所以這些都是過程發展出來的。他走得好不好都不重要，就是我只要他走過就行，我可以自己去選擇我要剪的那個部分。

Q4. 李康生穿的紅色僧服是從舞臺劇開始時一直使用的嗎？

那就是李康生在家裡穿的衣服，因為他演他自己。差不多，不是一個和尚的概念。因為那是個舞臺劇，所以背後有一些影像的呈現，那個影像有演玄奘，就穿一個和尚的衣服。但那不是紅色的。我自己是喜歡紅色，而這個紅色其實不是考據的概念，不是去☒眞正的玄奘的衣服，完全是我想像的。想像一個紅色的衣服，那個紅色是從哪裡來的，其實是一個馬來西亞畫家幫我的，他是我的好朋友，他去西藏畫那些喇嘛的紅色，我去選用他畫的紅色來決定染布的顏色。

that appearance when he was on stage, he looked the same as normal. His postures are similar, but the backdrop is different. I was keen for him to use this Xuanzang idea, so I gave him a new costume that looked a bit monk-like for audiovisual works. Saffron robes, and I had him shave his head, walk barefoot, that kind of look, and I had him move physically like that in different parts of the world, which meant you could see some of the world as well.

Q3. You have been working with Lee Kang-Sheng for a long time. And in the Walker Series, Lee's acting is one of the most important keys of this series. In your previous collaboration, his character was an everyday man dealing with everyday problems but now he is a monk. How do you work with him in this series? How did you decide on the shape of his acting body?

I didn't need to explain. He got the idea, we both knew the Xuanzang reference. Lee Kang-Sheng came up with it himself. I just asked him to walk, I don't know how to put it, I didn't limit him with any directions. He's a bit different every time, I'm OK with that, just as long as he's physically comfortable, so Lee Kang-Sheng is a bit different each time round, I didn't stand in the way of that, that's what I wanted.

Because I also know that this movement, this gait of his requires physical strength. He lifts one foot and brings it down, lifts the back foot and brings it down, it's a real ordeal for him every time he does it. Which is why I later tried as far as possible to only film Lee Kang-Sheng in one take, I only make him walk every segment once, I don't want to retake because that's really tough for him.

Walking on Water (2013).

행자 연작　　　　　慢走長征 系列作品　　　　　WALKER SERIES

한 게 가장 중요했기 때문에 걸을 때 마다 조금씩 달라져도 전혀 그를 저지하지 않았습니다. 그냥 그대로 두었던 거죠. 심지어 저는 그런 움직임, 그런 걸음걸이가 몸의 힘을 필요로 한다는 사실을 알고 있었습니다. 다리를 들어 올리고 내디딜 때마다, 다시 다리를 들어 올리고 또 내디딜 때마다, 그 과정이 매번 정말 힘이 듭니다. 그래서 나중에는 이강생을 찍을 때 원 테이크로 가는 게 가장 좋다고 생각하게 되었어요. 한 구간 별로 단 한 번씩만 촬영했습니다. 저는 다시 하라고 하지 않았습니다. 다시 하게 되면 이강생에게 너무 힘들다는 것을 알고 있으니까요. 그래서 이런 과정으로 만들어진 겁니다. 그가 잘 걷느냐 못 걷느냐는 중요하지 않았습니다. 단지 저는 그에게 걷기만 하면 된다고 했습니다. 제가 편집에서 잘라낼 부분을 선택할 수 있으니까요.

Q4. 이강생이 입고 있는 붉은 승복은 연극에서부터 계속 사용된 것인지요?

연극에서 그는 그냥 이강생이었기 때문에 집에서 입던 옷을 사용했어요. 그 자신을 연기했으니까요. 공연에서 표현하고자 한 것은 비슷하지만 승려 콘셉트가 아니었어요. 연극 배경에 영상을 쏘았는데 그 영상에 삼장을 연기하는 배우가 있었어요. 승려복을 입고요. 그런데 붉은색은 아니었어요. 저는 붉은색을 좋아하지만, 그 붉은 색은 승려의 복식을 고증하려는 개념이 아니었기 때문에 삼장의 진짜 복장이 무엇인지 조사하지 않았습니다. 완전히 제가 상상해 낸 거예요. 붉은 옷을 상상해낸 거죠. 그러

Q5. 僧服一直是用同樣的紅色體現嗎？

盡量一樣。我們已經換了好幾套了，盡量啊，因為是我同一個設計師幫我弄的。其實那件衣服只有一塊布，它只是一條布，是那種繞出來的，是沒有縫針的。這件衣服有點重，我們唯一有一次換了一套衣服，是因為在馬來西亞拍，那邊太熱了。所以我就請設計師再做一套比較薄的，唯一有分別的就是那部叫《行在水上》。後來我們都一直認為原來的衣服比較好，比較有質感。舞臺劇也要用這件。

Q6. 行者總是赤腳，無論路上有菸頭、有花，或者那條路為何，總是赤腳行走。這部分也是從一開始就如此構想的嗎？

其實是直覺，因為最終我想要做的這個形象，那是一個精神的概念，玄奘的精神的概念，他不見得是玄奘，他就是一個軀體的概念。所以我要讓他非常單純，只有一個袍而已。它也會造成我們的困擾，比如說我們去東京，剛好是冬天零下的溫度，所以光腳就非常辛苦，因為地是冰的。可是當時李康生還是決定不要穿鞋子，本來我們想給他做鞋子，但他後來覺得說原來的形象比較美，就沒有穿鞋子。所以小康演這個戲有很多過程是他要去忍耐那個氣候的變化的。比如說在馬來西亞走，就是那個地是很燙的，他還是必須要走。

These were things I learned in the process. It's not about how well he walks, it's fine if he just covers the terrain, I can edit it down to the parts I want to use.

Q4. Is he wearing the same red robes from the theatre play?

In the theatre piece, he's Lee Kang-Sheng there, in some clothes from home, as he's playing himself. It wasn't built around a monk theme, it was a stage play and there was some video footage as a backdrop. The footage included someone in monk's robes as Xuanzang, but they weren't saffron robes. I like red myself, and this saffron red wasn't from any research into the robes Xuanzang actually wore, it was all my own idea. I had the idea of red robes, and the red in question actually came from a Malaysian painter, an old friend of mine, he'd done paintings of lamas in saffron robes in Tibet, I had the cloth dyed to match the red hue he'd painted.

Q5. Is the saffron robe always the same red?

We've tried to make them the same. We've used several sets of robes, the same as far as possible, I worked with a designer on these. The robes are one single piece of cloth, wound around the body without being stitched up. The robes are quite heavy; the only time we switched outfit was when we were filming in Malaysia, because of the heat. I got the designer to make a thinner outfit, and the only film with different robes is *Walking on Water*. But we all decided the old costume was better, it had more texture. We use that on stage too.

No No Sleep (2015).

면 그 붉은 색은 어디에서 왔느냐 하면, 말레이시아에서 화가로 활동하는 제 친한 친구가 티베트에 가서 그린 라마승의 붉은 의상에서 착안했고, 바로 그 그림의 붉은 색을 선택해서 천을 염색했습니다.

Q5. 승복은 항상 같은 빨간색으로 구현하시나요?

최대한 비슷하게 하려고 했습니다. 이미 의상을 여러 번 바꾸었기 때문에 최대한 비슷하게 색을 뽑으려 했어요. 제 영화의 의상을 늘 맡아주는 디자이너가 도와주었는데요, 사실 그 옷은 통으로 된 천입니다. 길쭉한 천을 둘둘 말아 입은 것이고, 재봉질을 하지 않았어요. 그러니 옷이 꽤 무거웠습니다. 우리는 단 한 번 천 종류를 바꾼적이 있는데, 말레이시아 촬영 때였어요. 날씨가 너무 더워서 제가 디자이너에게 좀 얇은 걸로 해달라고 부탁했어요. 그래서 〈물 위 걷기〉(2013) 때만 의상이 다르죠. 나중에 우리는 원래 옷이 더 좋다는 생각이 들었습니다. 기존의 천이 질감이 더 좋았거든요. 그래서 이후 공연에서도 그 천으로 만든 옷을 사용했습니다.

Q6. 행자는 항상 맨발입니다. 길에 담배꽁초가 있던, 꽃이 있던, 그 길이 무엇이든 맨발로 걸어요. 이것도 처음부터 구상하신 건가요?

직관이었습니다. 내가 만들어내고 싶었던 이미지는 정신이라는 콘셉트였습니다. 삼장의 정신을 콘셉트로 한 겁니다. 꼭 삼장이 아니더라도요. 이해하실 수 있나요? 그건 몸의 콘셉트입니다. 그래서

Q7. 拍攝地點是如何決定的？

馬來西亞那部是唯一比較單純的，因為我就想拍我童年生活的那個社區，所以就集中在那個社區。而其他的就是每到一個城市都要去看、去找。我想要去找他走在哪兒，會花蠻多時間去找景，然後後來做很多思考。比如說我在那個馬賽，我其實不太熟悉這個城市。我去過很多次，但是我就是個遊客，所以我不太了解馬賽，所以我做了一些功課。請人家介紹這個城市讓我知道，帶我到處去看，看了很多遍，然後後來我做了一個決定，因為我們拍的時候是在那個夏天夏末。那我就發現說馬賽是地中海的氣候，所以它的夏天的光特別漂亮。所以我基本上是跟著光走，去找那個光好看的地方，光線漂亮的地方。所以《行者》有一個概念慢慢生成，就是去拍《行者》有一點像是到戶外去寫生的概念。所以沒有一定怎麼樣，它就是一個選擇而已，就是我去找我喜歡的地方。用我的眼睛去找我喜歡的地方就去拍了。因為我們想像到唐朝的玄奘去到每一個國家，他也是一個遊客，他也不知道世界的各個角落是什麼情況，他也不熟悉，他只是經過那些地方而已。所以《行者》系列是沒有什麼主題的概念。只有在每一次的時候，我要思考可能會發生什麼事情。比如說，我在馬賽的時候，我忽然間覺得需要有另外一個人出現，我就找了德尼·拉旺Denis Lavant。德尼·拉旺是我很喜歡的一個法國演員，他的造型和他的人長得很特殊，所以我就想到他有點像猴子。我就決定找他來參與這個演

Q6. The Walker is barefoot no matter what kind of path he walks, whether there are cigarette butts or flowers on the street. Was this intentional from the beginning?

It was intuitively. Because the look I wanted was based on a spiritual idea, the Xuanzang ethos, it doesn't actually have to *be* Xuanzang, right? Just a kind of idea of the body. So I wanted it to be ultra-simple, just a robe, that's how I wanted him to be.

It gave us a few headaches, for example when we filmed in Tokyo it was sub-zero winter temperatures. Going barefoot on that cold ground was enormously difficult. Lee Kang-Sheng decided he would keep doing it with no shoes, even though we'd said we'd make him some—he wanted to stay true to the original image, he thought he looked good with no shoes. Playing this part has called for a lot of endurance from Kang-Sheng in different weather conditions. Take Malaysia for instance, the ground was really hot, but he walked on it anyway.

Q7. What factors do you consider when choosing a location?

The one we shot in Malaysia is the only straightforward one, because I wanted to film the area I spent my childhood in, we did most of it there. With the others, every city we went to we scouted around for different places where he should walk. We would spend a lot of time scouting and making decisions.

Take Marseille for example, I don't know the city that well, I've been there a few times but only as a tourist so I don't really know it. I did some homework. I got someone to take me round the

행자 연작   慢走長征 系列作品   **WALKER SERIES**

저는 그에게 매우 단순함을 요구했습니다. 천 한 장만 두르게 한 거죠.

의상 때문에 어려움을 겪긴 했지요. 도쿄에 갔을 때는 마침 겨울이라 기온이 영하로 떨어져서 맨발로 걷기가 굉장히 힘들었어요. 땅이 차가웠거든요. 하지만 이강생이 신발을 안 신겠다는 거예요. 우리가 신발을 만들어준다는데도요. 그는 원래 모습이 더 아름답다며 신발을 신지 않겠다고 했어요. 이강생은 이 작품을 연기하면서 날씨 변화를 견디어 내는 인내의 과정을 여러 번 거쳐야만 했어요. 말레이시아에서 걸을 때는 바닥이 아주 뜨거웠지만, 그래도 걸어야만 했죠.

Q7. 촬영 장소는 어떻게 결정하시나요?

말레이시아편은 유일하게 좀 단순해요. 왜냐면 제가 어린 시절을 보냈던 동네를 담고 싶었기 때문에 그곳을 집중적으로 촬영했습니다. 다른 도시의 경우는 답사를 여러 번 하면서 이강생이 어디를 걸어야 할지 촬영 장소를 찾아다녔습니다. 시간을 많이 할애해서 촬영 장소를 물색하고 여러 가지를 생각해야 했습니다.

예를 들면 제가 마르세유에 갔을 때도 사실 그 도시에 대해 잘 몰랐습니다. 여러 번 가 보긴 했지만 단순한 관광객 수준이라 나름대로 숙제를 좀 했습니다. 사람들에게 도시를 소개해 달라고 부탁했고 여기저기에 데려가 달라고 하면서 수 차례 답사를 했습니다. 그러고 난 다음에 촬영지를 결정했죠. 우리가 촬영했을 때는 늦여름이었는데 마

出。所以他們會發現《行者》系列有一點《西遊記》的影子在裡面。

Q8. 您和法國電影的關係是眾所周知的。您喜歡弗朗索和特魯波的電影，所以讓·皮埃爾·里奧演員也在《你那邊幾點》（2001）中登場。還有由眾多法國演員共同出演的《臉》（2009）。讓德尼·拉旺演員出演《西遊》（2014）是否有何理由？您是怎麼邀請到他的？

我在拍《西遊》就是那部之前的十年前。拍《行者》的十年前，我有計劃要跟德尼·拉旺合作，我想我寫了一個短的劇本，準備要找他來演。但是沒有成功，因為資金的關係沒有成功。所以我們見過面，我在巴黎看過他演的一個舞臺劇。所以我那次去決定用他的時候，還蠻容易說服他的，他很快就同意從巴黎跑來馬賽拍兩天這樣子。

Q9. 《無無眠》（2015）是《行者》系列作品中出現特別變化的作品。李康生終於停止行走，進行休息。在沒有李康生存在的情況下，只出現觀察城市夜晚的攝影機視線。是否可請您說明為何會做出這樣的決定，以及如何命名電影的名字。

當時有一部叫《無無眠No No Sleep》，那個叫安藤政信。安藤是很多年前主動跟我聯繫，我們在日本有見過一次面。因為我知道他是演員，我也很喜歡他，但是沒有機會跟他合作。去日本拍的時候我就想到他，我就請他來客串。我去東京看景的時候發現的一個地方我很有興趣，就是那

---

city, all its streetscapes, I scouted around many times, then I made my mind up. We ended up filming in late summer, I realized Marseille has a Mediterranean climate, and the light in summer is beautiful, so I basically just went where the light was, I picked locations with good light.

That's why this idea gradually took shape, with the Walker Series, that what we were doing was a bit like landscape painting. There was no preconceived plan, it was just about making choices, I looked for locations I liked, I scouted with my own eyes. Because in our minds, every country this Tang Dynasty monk Xuanzang went to, he was a visitor, he had no idea what other parts of the world were like, it was all unfamiliar, and he was just passing through.

That's why the Walker Series doesn't have anything like a theme. I just think about what might happen each time round. Like when we were in Marseille, I suddenly felt we needed another person to appear, so I called up Denis Lavant, a French actor who I respect a lot, he has a very unique look to him, one that made me think of a monkey[8] here and there. So I thought of him for the role. So they see traces of *Journey to the West* in the Walker Series.

Q8. We know your connection with French cinema from your love of Truffaut's works, Jean Pierre Leaud's participation in your film, *What time is it There?* (2001), and a full cast of French actors in *Visage* (2009). How did you persuade Denis Lavant to act in *Journey to the West*?

I filmed *Journey to the West* in 2013, which was a film from a decade ago. Ten years before I made the Walker Series, I'd already been planning to

(8)　One of the important characters in *Journey to the West* is the Monkey King who has the appearance of a monkey.

No No Sleep (2015).

르세유가 지중해 기후라서 여름 햇살이 특히 아름다웠습니다. 그래서 기본적으로 빛을 따라가는 방식으로, 빛이 잘 들고 빛이 아름다운 곳을 중심으로 촬영 장소를 선택했어요.

그러면서 '행자'의 촬영 방식이 조금씩 만들어졌어요. '행자'의 촬영이 마치 야외에 나가서 풍경 스케치를 하는 듯한 콘셉트를 갖게 되었습니다. 반드시 어떻게 해야 한다는 의무감 없이 자신이 좋아하는 장소를 선택하는 것, 직접 눈으로 보고 마음에 드는 장소를 찾아 촬영하는 겁니다. 당나라 시대에 삼장이 여러 나라를 방문한 것을 상상해 보면 그도 그저 관광객에 불과했고 세계의 구석구석이 어떤 상황인지 전혀 알지 못한 채 단지 그곳을 지나갈 뿐이었습니다.

그러므로 '행자 연작'은 특별한 주제가 없는 게 콘셉트입니다. 각 작품마다 무슨 일이 일어날지 생각해 봐야 했습니다. 제가 마르세유에 있을 때 다른 인물이 등장했으면 좋겠다는 생각이 불현듯 머리를 스쳤고 그래서 드니 라방Denis Lavant에게 연락을 했어요. 드니 라방은 제가 굉장히 좋아하는 프랑스 배우로 스타일이나 외모가 아주 특별해서 원숭이를 좀 닮았다는 생각이 들었죠.(9) 그래서 그를 합류시키기로 했습니다. 이런 연유로 '행자 연작'에서 『서유기』의 흔적을 발견할 수 있을 겁니다.

Q8. 감독님과 프랑스 영화의 관계는 잘 알려져 있습니다. 프랑소와 트뤼포의 영화를 좋아하셨고, 그래서 장 피에르 레오 배우가 〈거기는 지금 몇 시니?〉(2001)에도 등장합니다. 엄청난 프랑스 배우들이 총출연하는 〈얼굴

(9) 편집자주: 서유기에 등장하는 중요한 캐릭터 손오공은 원숭이의 모습을 하고 있다.

個膠囊旅館。我發現這個空間很有意思，而且是日本人的生活習慣中常常去的地方。所以我就想把它放到裡面，所以我就決定找安藤來，拍安藤住在裡面。但是小康的情況是因為當時在冬天，所以走得特別辛苦，因為很冷，我們給他加了一個圍巾，那一部他就有一個圍巾了。但是我發現他在走的過程裡面脖子的問題有一點嚴重，所以我就決定讓小康也進去那個膠囊旅館睡覺，當時決定的。無無眠，其實應該是無無明。無無明，明天的明，明亮的明，無無明那是佛經裡面的一句話。那是無明啊，無明聽得懂嗎？無明就是沒有亮，沒有光。無明就是說曖昧不清。沒有，沒有不清楚，就是非常清明的意思，非常清楚的意思。然後我把改成沒有沒有睡，無無眠。你會看到那個安藤在裡面是睡不著的，焦躁的，他的身體。但是（李康生）睡得很好，無無眠。

Q10. 因為只是出現行走的作品，所以您應該會很苦惱電影的節奏吧。影響您決定每部電影長度、速度和節奏的因素是什麼？

這是我決定的。因為剪接師是沒辦法剪這樣的電影。我們是一起剪的，我們坐在一起，每個鏡頭就是坐在一起看。長度其實是剛開始時被決定的。因為第一部《無色》，請我拍的出資者是一個大陸的臺商。他當時要推銷他的手機，他在賣手機。在二零一二年，他在推銷他的手機，好像是他的手機也是韓國的手機。他只要二十分鐘，他要我拍二十分鐘的內容給他。我就決定拍

---

work with Denis Lavant, I wrote a short screenplay and planned to cast him in it. But it didn't work out, for reasons to do with funding. But that's why we met, I'd seen him on stage in Paris. Which meant this time around it was quite easy to get him to accept the role, he said yes quite fast and came over from Paris for a couple of days of shooting.

Q9. In *No No Sleep* (2015), there are very particular changes. For example, the Walker, Lee, stops walking and rests. Also there are some shots without Lee, like the camera observing the city at night. Can you tell us about these decisions, and about the title?

I'd done this film back in the day called *No No Sleep* and it was with Masanobu Ando. Ando had contacted me out of the blue many years back, and we met up in Japan. I knew and respected him as an actor, but we'd not been able to work together. When we had this plan to film in Japan I instantly thought of having him in a cameo role.

Scouting in Tokyo, I found this really interesting place, a capsule hotel. I found it intriguing as a space, and it was quite a big part of the Japanese way of life. I chose it as a location and decided to look up Ando and shoot him using the hotel. But with Kang-Sheng, it was the winter and it was really tough for him with the cold, so in that film you see him with a scarf we gave him to wear. I realized on the other hand that his neck issues were getting quite bad when he was walking, so I spontaneously decided to make Kang-Sheng come and stay at the capsule hotel as well.

No No Sleep in Chinese should have been 无无眠 *Wu Wu Ming*, not 无无明 *Wu Wu Mian*; the

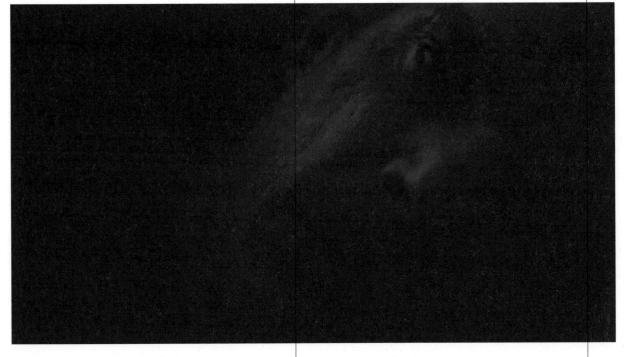

Journey to the West (2014).

Visage)(2009)도 있습니다. 드니 라방 배우를 〈서유〉(2014)에 섭외하기 위해 어떻게 설득하셨나요?

〈서유西遊〉를 촬영하기 10년 전, 그러니까 '행자 연작'를 시작하기 10년 전에 드니 라방과 작품을 하려고 단편 시나리오를 썼었습니다. 그런데 제작비 문제로 성사되지 못했습니다. 그때 그와 만난 적이 있었지요. 파리에서 그가 출연한 연극을 본 적도 있고요. 그래서 드니 라방을 출연시키기로 했을 때 아주 쉽게 설득할 수 있었고 그 역시 아주 흔쾌히 파리에서 곧장 마르세유로 달려와 이틀 동안 촬영했습니다.

Q9. 〈무무면〉(2015)은 행자 연작 중에서도 특별한 변화가 있는 작품입니다. 이강생이 마침내 걷기를 멈추고 휴식을 취하고요. 이강생의 존재 없이 도시의 밤을 관찰하는 카메라의 시선만 등장할 때도 있습니다. 왜 이런 결정을 하셨는지, 그리고 영화의 제목에 관해서도 설명을 부탁드립니다.

〈무무면〉이라는 작품에는 안도 마사노부가 출연했어요. 수년 전에 안도가 제게 먼저 연락을 해 왔고 일본에서 한 차례 만난 적이 있습니다. 그가 배우라는 것도 알았고 마음에 들었지만 작품을 같이할 기회가 없었습니다. 그래서 일본 로케이션 당시에 그에게 우정 출연을 부탁했어요.

도쿄에 촬영 장소를 물색하다가 굉장히 흥미로운 장소를 발견했습니다. 캡슐 호텔이었는데 그 공간이 아주 재미있었고 일본 사람들이 자주가는 곳이라는 것을 알게 됐어요. 그래서 캡슐 호

《行者》給他。本來《行者》的那個叫《無色》是一個手機的形象廣告來的。只是這個老闆很放任我。他沒有要李康生拿那個手機。所以Cell Phone出現在影片之外，在開頭有一個Mark，我的第二部《行者》是香港的那個就叫《行者》跟我的《無無眠》這兩部都是香港電影節的一個Program請我拍的。請我拍短片。你懂我的意思嗎？請我拍短片放在他的短片展裡面，他們都規定我拍二十分鐘，但是我都拍長了，他們也不介意。所以我每一個《行者》的資金都是來自不同的地方，像《西遊》那個資金主要是來自馬賽的藝術節請我拍的，就是每一個來處都不太一樣。所以《行者》很有意思的一件事情是因為它跟玄奘很有關係，所以它的錢來得有一種奇蹟的概念。它的錢都是。它一直會有錢來要我拍這個東西。你懂嗎？我的計劃是說我當時決定要拍《行者》的時候我希望能够拍十部。十年拍十部變成一個美術館的展覽。當我許下這個願望的時候錢就來了。而且真的是在十年裡面拍了十部。有很多思考。比如說小康走得好不好，穩不穩定。他在半小時的行走過程或者二十分鐘的過程哪一段是他走得最好。他有時會不穩定，因為這的確是很不容易的一個過程。另外就是要觀察周圍的變化。每個鏡頭都有人群接近，那些過程一部車走過。一部車經過或者有什麼聲音或者有遊客經過他，會不會看他，會不會做一些動作等等，我們都要觀察這些東西。就要找到好的一個節奏出來。每一次都一遍一遍地看。比如說，我覺得最瘋狂的是德尼·拉旺Denis Lavant的第一個鏡頭。因為他是

ming character [clear, bright] is one you find in 'tomorrow', 'brightness' and so on, *Wu Wu Ming* is a Buddhist reference, it's basically "absence of *ming*", if that makes sense, 'no brightness', 'no light'. "Absence of *ming*" kind of means 'ambiguous / opaque'.

No, not 'unclear', it means 'very sharp', 'very clear'. And then I changed it to [the near-homonym] 'no sleep', 'insomnia', *No No Sleep* means 'no, no sleep'. You see Ando on screen in a sleepless, fretful state, his body. Lee Kang-Sheng slept very well.

Q10. How do you manage the pace and rhythm of the films, as well as the duration of each film?

I made that call, because the editor couldn't edit that kind of film. We edited it together, sitting side by side. We watched every scene together.

The length was decided right at the outset. The first instalment *No Form* (2012) was funded by a Taiwan businessperson in China, someone who wanted to promote the phones he was selling back in 2012, I think the phones were his product and also Korean. He just wanted me to film 20 minutes of footage for him. I made a Walker film for him. The one titled *No Form* had its origins as a promotional piece for mobile phones, you know? Except that this businessman gave me free rein, he didn't insist on Lee Kang-Sheng holding the phone in question. The cellphone comes in before the film itself, there's a reference at the beginning.

My second Walker was the one in Hong Kong called *Walker* (2012). That and *No No Sleep* (2015) were both made at the invitation of a Hong Kong Film Festival program. They wanted short

Sand (2018).

텔 장면을 넣고 싶어서 안도 마사노부에게 연락해 캡슐호텔 안에 있는 그를 촬영하기로 했습니다. 하지만 뭐랄까, 그 당시가 겨울이라 너무 추워서 이강생이 걸으면서 고생을 많이 했어요. 목도리도 두르게 했고요. 그래서 일본 촬영분에만 유일하게 목도리가 등장합니다. 게다가 원래부터 아프던 목이 걸으면서 통증이 더 심해져서 이강생도 캡슐호텔에 들어가 자게 하기로 현장에서 결정했습니다.

영화제목을 한자로 쓰면 '무무면'인데, 사실은 '무무면'이 아니라 '무무명'이에요. 무무명의 명은 내 일이라고 할 때의 명, 명량하다의 명입니다. 무무명은 원래 불경에 나오는 말이에요. 무명이 무슨 뜻인지 이해되시나요? 무명은 말 그대로 밝음이 없다, 빛이 없다는 뜻입니다. 무명은 또 애매모호함을 뜻하기도 합니다. '무무명'은 불명확한 것이 없는, 아주 뚜렷한, 아주 명확하다는 뜻입니다. 제가 '무명'을 '무면'으로 바꾸어 썼습니다. 무면, 즉 잠을 자지 않는다는 말로 바꾸고 앞에 없을 무를 붙여 '무무면'으로 바꾸었습니다. 영화를 보면 안도 마사노부가 불안해하면서 잠을 못 이루는 걸 볼 수 있습니다. 그게 무면이고, 이강생은 아주 꿀잠을 잤어요. 무무면이죠.

Q10. 걷기만 하는 작품인지라 영화의 리듬이 고민이 되셨을 거 같습니다. 각 영화의 길이, 속도, 리듬을 결정하는 데 영향을 미친 요소는 무엇인가요?

제가 결정합니다. 이런 영화를 편집할 수 있는 편집자는 없다고 봐야 합니다. 편집자와 내가 나란히 앉아서 숏마다 함께 보면서 같이 편집했습니다.

看著外面, 看著觀眾八分鐘, 是非常長的一個表達。什麼都沒有, 就是他的眼睛在不清楚的一個背景裡面看著黑暗的前面。那是在一個廢墟裡面, 在一個城堡的廢墟裡面。德尼·拉旺Denis Lavant問我要做什麼。我說你就是剛睡醒的時候的一個感覺, 剛睡的那個十分鐘的感覺。你不想下床, 你是想望著前方想你自己的事情。他說要不要有情緒, 我說不要有情緒。我拍了兩次, 大概第一次拍他, 可能三分鐘, 他的眼淚就流下來, 我說我不要眼淚。呵呵, 他要有表演, 但是我說不要表演什麼都不要, 就是你剛睡醒的那個感覺就好了, 所以第二次就OK了。他拍了半小時但是我用了八分鐘, 我想講德尼·拉旺Denis Lavant那個鏡頭, 我們在加爾各答上映的時候, 我那天講了嘛, 我去Say hello之後我就離開了現場, 然後滿坐的印度的觀眾很滿、很多人, 有的是站著的。那場演完之後, 就有記者來找我, 他們告訴我說, 剛開始的那八分鐘的鏡頭, 他有觀眾發現這個這個影像被快轉了三次, 觀眾就噓這個放映師。因為那個放映師他也很無辜, 他覺得好像是機器壞了。我覺得《行者》系列有很多概念很好, 比如說在臺灣好了。在臺灣我最近的這幾部, 包括在臺灣拍的《沙》, 一個叫《沙》的。反正臺灣的公共電視買了我的《行者》系列再播放, 我自己覺得很棒, 是因為在臺灣不可能有一個電視會播放這種內容。比如說, 德尼·拉旺Denis Lavant看著八分鐘的鏡頭, 不可能會發生這種事情。但是他買了我的時候他就必須要播放, 可能會有觀眾complain這個電視臺。但是它應該要被發生, 這種

films. They wanted me to enter their short film segment, their rule was 20 minutes, but they ended up not minding when I went longer.

In other words the funding for every Walker film was from different sources. With *Journey to the West* (2014) it was the Marseille arts festival that funded me to do it. Every time the money was from somewhere different.

What stands out about the Walker Series is its connection with Xuanzang and the way the funding came about in an almost miraculous way. Yes, the funding too, the money just somehow always fell into place. Do you see what I mean? My plan at the beginning was hopefully to make ten instalments of the Walker Series. Ten films in ten years, coming together as a gallery exhibition. And when I'd made that wish, the funding just appeared. And it really did happen as ten films over ten years.

There were lots of things behind it. For example, whether Kang-Sheng was walking well, whether it was smooth. In the course of his half an hour or 20 minutes walking, which segment did he walk the best in? Sometimes he wasn't moving smoothly, as it wasn't an easy thing to pull off.

And the other thing was the changes in scenery. Some segments there would be people coming near him, other times there would be a vehicle passing by. When a car went past or there was some sort of noise or there were tourists going by, did they look at him, did they make certain gestures? And so on, these were all the things we had to look at.

You had to work out a good rhythm. Look over and over each part. The craziest time was probably Denis Lavant's first scene, he's looking outwards, he looks towards the audience for 8 minutes. That's a very long motif, there's nothing

영화 길이는 처음부터 정해져 있었습니다. 첫 번째 작품인 〈무색〉(2012)의 투자자는 대륙에서 사업을 하는 대만 기업가였는데 핸드폰을 팔고 있었습니다. 아마도 그의 핸드폰이 한국 거였던 거 같아요. (웃음) 투자자가 20분짜리를 원했기 때문에 저는 20분을 찍어서 그에게 주기로 했습니다. '행자'를 찍어서 주기로 결정한 거죠. 원래 행자 연작의 〈무색〉은 핸드폰 이미지 광고에서 출발한 셈입니다. 그 투자자는 저를 자유롭게 내버려뒀어요. 이강생에게 그 핸드폰을 들라고 하지도 않았습니다. 그래서 핸드폰은 영화 안에는 나오지 않고, 시작할 때 타이틀에만 잠깐 로고가 등장합니다.

두 번째 작품 〈행자〉는 홍콩에서 찍은 건데요. 〈행자〉와 〈무무면〉 두 작품은 모두 홍콩국제영화제에서 저에게 단편을 찍어달라고 요청했어요. 영화가 완성되면 영화제의 단편 섹션에서 상영한다고 했습니다. 20분짜리를 찍어달라고 규정했지만, 저는 더 길게 찍었고 그들은 개의치 않았습니다.

저는 행자 연작을 찍을 때마다 각기 다른 곳에서 제작비를 지원받았어요. 〈서유〉를 찍을 때는 마르세유예술제의 요청을 받았고, 매번 제작비의 출처가 달랐지요. 그래서 행자 연작의 재미있는 점은 삼장법사와 관계가 있어서인지 기적처럼 제작비가 마련되었다는 겁니다. 다 그랬습니다. 어디선가 돈이 나와서 촬영을 할 수 있었습니다. 이해하시죠? '행자'를 찍기로 결심했을 때 열 편까지 완성할 수 있으면 좋겠다고 생각했어요. 10년 동안 열 편을 찍고 나면 미술관에서 전시를 하고 싶

不同的類型的創作應該要被觀眾看到，我覺得是很好的一件事情。

Q11. 有時在您電影的末尾會出現令人無法預料的大眾音樂或詩句。

老歌是我生活的一部分，所以我的電影常常都會把一些生活的經歷、我自己的個人經歷放進去，讓觀眾分享，讓觀眾看到。這是我的習慣，特別是使用老歌這個事情。比如説，我放香港那個許冠傑的一首很通俗的歌，是全香港人都知道的歌。香港那個《行者》基本上是我獻給香港的一部作品。就是讓李康生在香港走動，然後一直走到碼頭那邊去。

Q12. 如果說您的電影以前是以電影院為中心進行觀賞，那麼《行者》系列作品經常在美術館這個空間裡演出。您認為美術館和電影院之間有什麼樣的經驗差異？

我覺得我近十年來參考了美術館的概念，企圖把美術館概念帶進電影院裡面去。我在電影院跟美術館裡面有種……因為我覺得我本身的作品是非常自由的，美術館也是傾向自由。當然它也有它的一些限制，那電影院是非常被限制的，所以我特別希望觀眾可以在當代，特別是當代已經看了那麼多電影之後，可能要重新評估電影院的價值，電影院的包容性是什麼。我覺得其實電影院是非常缺乏包容性的一個地方，可是他又是最適合看影像的地方。這是我的感覺，所以我覺得

there except an indistinct background and his eyes looking towards something dark in front.

That was amid some ruins, the ruins of a castle. Denis Lavant asked me for directions. I told him to make as if he'd just woken up, like the first ten minutes after sleeping. You don't want to get out of bed, you want to just look straight ahead and think about your own stuff. He asked whether I needed a particular mood, and I said no mood. I did two takes, I think on the first take we ran for about 3 minutes and tears started to flow on his face. I said I didn't want tears. (*laughs*) He wanted to perform, but I said don't try to perform anything at all, we just need it to be as if you've just woken up. We went with the second take. We shot about 30 minutes of footage and used just eight.

I wanted to tell you about that scene with Denis Lavant, it was when we showed the film in Kolkata, I went and talked, said hello, then I left the venue, it filled up with Indians, very full indeed, standing room only. After it finished I was told by some journalists that when that first eight-minute scene showed at the beginning, some of the audience noticed three points where the film fast-forwarded, they booed the projectionist. It wasn't the projectionist's fault, he thought it was an equipment issue.

I think there were lots of good things going on with the Walker Series, take Taiwan for example: a few of the most recent ones, including *Sand* (2018) which was filmed in Taiwan. Anyway, the Taiwan TV channel PTS paid for broadcast rights for the Walker Series, I thought that was amazing because I'd assumed it was impossible that a Taiwan TV channel would show this kind of material. And then you have the eight minutes of Denis Lavant's

Sand (2018). Installation view.

었습니다. 그 소원을 빌었을 때 돈이 생겼고 10년 동안 정말로 열 편을 찍을 수 있었습니다.

리듬에 대해서는 여러 가지 생각이 들었습니다. 이강생이 걸을 때 안정적으로 잘 걷는지, 그가 30분 또는 20분 정도 걸을 때 언제 가장 잘 걷는지 등을 고려했습니다. 그 과정이 정말 쉽지 않아서 이강생의 움직임이 불안정하기도 했거든요. 그리고 주위의 변화도 관찰해야 했어요. 각 숏마다 사람들이 접근하거나 차가 지나가기도 했습니다. 차가 지나가는지 무슨 소리가 나는지 관광객이 그를 스쳐 지나가는지 사람들이 그를 쳐다보거나 어떤 행동을 하지 않는지 등등을 다 관찰해야 했습니다.

좋은 리듬을 찾아내려고 했어요. 매번 한 번 더, 한 번 더 그러면서 찾으려고 했습니다. 제 생각에 제일 미친 것 같았을 때가 드니 라방의 첫 테이크였습니다. 관객을 8분 동안 쳐다보는 장면인데 굉장히 긴 시간이었어요. 아무것도 없이 흐릿한 배경뿐인 곳에서 드니 라방의 눈이 정면의 어둠 속을 바라보았습니다. 촬영지는 폐허가 된 성 내부였어요. 드니 라방은 무엇을 해야 하는지 물었고 저는 자다가 깨어났을 때의 느낌, 막 잠에서 깬 후 10분 정도의 느낌을 표현해 달라고 주문했어요. 침대에서 내려오기 싫어서 멍하니 앞을 보면서 자신의 일을 생각하는 것처럼 하라고 했습니다. 감정표현이 필요한지 묻길래 아무 감정 없이 해 달라고 했습니다. 두 번 테이크를 갔는데 첫 테이크를 시작하고 3분쯤 지나자 눈물이 흘러내렸어요. 제가 눈물을 흘리지 말라고 했습니다. (웃음) 그는 연기를 하고 싶어 했지만 저는 아무런 연기도 하지 말고 그저 잠

電影院有一點被低估了它的能力，那美術館它有一個創作自由的精神存在，所以我讓這兩個東西在彼此遊走，讓大家意識到為什麼電影院不可以有更多的自由創作。我覺得我有一點在試圖地改變觀眾的觀影習慣。就到戲院裡面一定要看劇情片嗎？或者一定要看紀錄片嗎？有沒有影像的各種呈現的可能性？在戲院裡面被使用，因為戲院是最好的一個地方。但是有一個重點是觀眾的培養。觀眾的培養這個概念一定要從美術館來起步。特別是亞洲的觀眾，包括韓國，包括臺灣。我覺得都缺乏美術館的培養。可是當代美術館開始起來了，我們應該要思考到去利用這些美術館來培養更好素質的觀眾，當觀眾的數量，好的素質的觀眾的數量達到一個程度的時候，戲院才有可能會播放更自由的作品。

Q13. 《行者》系列作品距離開始已經有十多年了，這也意味是您宣佈不以商業方式製作電影的創作自由後的時間。在這個過程中發生的創作方式的變化是什麼？

我一直都很自由，但是我也知道我的自由也是有限的。如果我還是需要在做劇情片來生活的話，我還是會被限制住。因為我必須要在那個工業的制度裡面去找一點夾縫來爭取我的自由。我的思考是會被那個工業的框架困住的。因為他就在那個框架裡面，你一定要有一個劇本，你一定要講故事，要不然你找不到錢。這個就是一個框架來的，而且是很嚴重的框架。我們就在這個框架裡面做有限的思考。所以如果我可以脫離這個框架

eyes, there's no way they would do this surely? But if they've paid for it they have to use it. There might be some viewers complaining to the TV station, but that's to be expected I guess, TV audiences ought to be seeing a different type of content like this one, I think it was a very good thing.

Q11. What drew you to the idea of using popular music or poems? Because at the beginning of the films, you cannot expect them.

The old music was something I grew up with. My films frequently bring some of my own life experiences on board and show the audience what it was like. It's become a habit of mine, especially using old music.

For example in the one filmed in Hong Kong, I used an old Samuel Hui hit, a song everyone in Hong Kong recognizes. The *Walker* (2012) I filmed in Hong Kong was basically a tribute to Hong Kong, with Lee Kang-Sheng walking through Hong Kong and finishing at the docks.

Q12. While your previous films were shown primarily in movie theaters, the Walker Series was often introduced in spaces such as art museums. What do you think is the difference in experience between an art museum and a cinema?

I feel I've worked with the idea of the art museum over the last decade or so, I've tried to bring the idea of the gallery into the cinema. I have things in common with both, my film-making is very free-form, the art museum is also very much on the free side. Of course museums have constraints of their own, and cinemas have a *lot* of constra-

행자 연작

慢走長征 系列作品

WALKER SERIES

Installation view of the Walker Series exhibition.

에서 막 깼을 때의 느낌만 표현해 달라고 했고 두 번째 테이크에 OK를 했습니다. 30분 정도 촬영을 했는데 그중 8분만 사용했습니다.

드니 라방의 그 장면과 관련된 일화가 있어요. 인도 콜카타에서 영화 상영을 한 날이었는데요, 저는 간단하게 인사만 하고 먼저 자리를 떴습니다. 그날 인도 관객이 꽉 차서 일부는 서 있기도 했어요. 영화가 끝났는데 한 기자가 찾아와서 시작할 때 앞의 8분 길이 숏을 세 번이나 빨리 틀어준 걸 관객들이 발견하고 영사기사에게 야유를 보냈다고 하더라고요. 그런데 그 영사기사도 아무 잘못은 없어요. 아무래도 기계가 고장 난 줄 알고 빨리 돌린 것 같아요.

저는 행자 연작의 콘셉트가 불러일으키는 다양성이 좋다고 생각해요. 예를 들면 대만에서도 좋았어요. 대만 TV 방송국에서 행자 연작을 사서 저의 최근 몇 작품, 그러니까 대만에서 찍은 〈모래〉(2018)를 포함해서 방영했어요. 정말 멋진 일이라고 생각합니다. 대만에서, 특히 공중파에서는 이런 콘텐츠를 송출할 리가 없기 때문이에요. 드니 라방이 아무것도 하지 않고 8분 동안 카메라를 쳐다보기만 하는 장면을 틀어줄 리가 없지 않나요? 그렇지만 판권을 샀으니 방송을 해야 했고, 일부 시청자가 방송국에 불만을 제기했을 수도 있을 것 같아요. 하지만 이런 일도 있어야 한다고 생각해요. 시청자에게 이런 다양한 장르의 창작물을 보여주는 것은 좋은 일이라고 생각합니다.

Q11. 예상치 못하게 영화의 마지막에 대중음악이나 시구가 나올 때가 있습니다.

我覺得我就會更自由。其實大家都被困在這個概念裡面，所以你看到所有的韓國的那些聚集或者是韓國的電影，或者是全世界電影都差不多。獨立電影，都是在那個框架。所以我最近有人家來找我合作，年輕的導演他跟我講完他的故事，我就問他説你要拍電影還是要拍一部好的電影，這是有一個分別的。當你要做好的電影也要自由，你沒有自由你怎麼做好的電影呢？他就跟我講説，我如果要自由我可能找不到錢。

Q14. 在《行者》系列作品的世界裡，每次都會出現一些新的事物，例如亞儂弘尚希演員的登場。第十部《無所住》（2024）剛完成，未來《行者》系列將走向何處？

我覺得蠻幸運的，可以拍十部《行者》。其實拍的過程是蠻困難的，我會常常覺得自己突然間變成一個電影學生的感覺，很多東西要重新思考，因為我要把很多的我們習慣的概念丟掉。比如說寫生這個概念，寫生是沒有準備的。你知道寫生的一個精神是你不用準備的，你走到一個山頭看到一個黃昏，你就畫了。這個對我們習慣拍電影的這種講究結構，講究效果，那些東西是很大的衝突，所以我在拍《行者》的過程不是很輕鬆的，我其實常常很焦慮。我有時候也會很緊繃，在拍《行者》的時候，就是想要做更多一點緊繃，但是做完就會後悔。所以我覺得《行者》是可以再發展的。因為它有很大的空間可以發展，比如說他可以去美術館拍，他也可以被發展

ints. I hope that audiences in the modern era, especially those who've already seen a lot of films can re-assess the value of a cinema and how it can be open-minded. I think cinemas have actually been a very closed-minded kind of forum, but they're also the best place to watch a film. That's the way I see it, cinemas have a kind of power that's been overlooked. Meanwhile, art museums have this ethos of creative freedom, so I've been trying to bring the two places closer to each other, make people wonder what's wrong with cinemas allowing more creative freedom.

I think to some extent I'm trying to change cinemagoers' viewing habits. Do you have to watch a feature film every time you're at the cinema? Maybe that or a documentary? Or are there other kinds of possibilities with the screen? Get this shown in cinemas, as cinemas are the best possible venue.

But one key thing is how you condition your audience. Audience conditioning has to start with art museums, especially with Asian audiences. And by that I include South Korea and Taiwan. Audiences haven't had that kind of art museum training. But modern art galleries are here to stay now, we ought to think about how to use these places to inculcate audiences with a different kind of sensibility. Only with this critical mass of audience members who've gone through this will cinemas have more freedom in their artistic programming.

Q13. It has been ten years since you started the Walker Series. This also refers to the period after your declaring creative freedom not to make films to meet the commercial film industry's expectations. What changes occurred in your creative methods during this process?

행자 연작 　　　　慢走長征 系列作品 　　　　WALKER SERIES

옛 노래는 제 삶의 일부예요. 그래서 제 영화는 항상 삶의 경험들, 제 개인의 경험을 담아 관객에게 보여주고 공유합니다. 특히 옛날 노래를 사용하는 건 제 습관이에요. 예를 들면 홍콩에서는 가수 쉬관제(허관걸)의 유행가를 집어넣었습니다. 홍콩 사람이면 누구나 다 아는 노래죠. 홍콩에서 촬영한 〈행자〉(2012)는 홍콩에 바치는 작품입니다. 이강생은 홍콩을 계속 걸어서 항구까지 걸어갑니다.

Q12. 감독님의 영화가 이전에는 영화관을 중심으로 보였다면 '행자 연작'은 미술관이라는 공간에서 많이 소개되었습니다. 미술관과 영화관이라는 공간에는 어떤 경험의 차이가 있다고 보시는지요?

저는 최근 십여 년 동안 미술관을 영화관 안으로 가져오려 했습니다. 왜냐면 저 자신이나 제 작품 자체가 매우 자유롭고 미술관도 자유로운 경향이 있다고 생각했기 때문입니다. 물론 미술관도 나름의 한계가 있겠지만, 영화관은 매우 제한된 곳이기 때문에 저는 수많은 영화를 보고 난 지금 이 시대의 관객이 영화관의 가치와 영화관의 포용성을 다시 평가하기를 바랐습니다. 사실 영화관은 포용성이 매우 부족한 장소지만, 영상을 보기에는 더할 나위 없이 좋은 장소입니다. 이건 제 느낌입니다. 그래서 저는 영화관이 가진 힘이 저평가되었고, 미술관은 창작의 자유라는 정신을 가지고 있으므로, 둘이 서로 넘나들면서 영화관에서 왜 더 많은 자유로운 창작이 이루어질 수 없는지를 사람들로 하여금 깨닫게 하고 싶었습니다.

到電影院裡面去。像我上次的第九部《行者》叫《何處》。去年在金馬獎的時候，被安排在很大的一個放映廳裡面放，效果就非常好。所以我覺得《行者》是重新提供電影院的一種可能性提出來給大家思考。

Q15. 人們常問「那部電影的內容是什麼？」如果有人問《行者》系列是關於什麼的作品，您會如何說明？

這部電影只是關於行走，沒有其他的。即便如此，你們還是會來看吧？

I have always had a lot of freedom, but I've been aware there are limits to it. If I need to keep making feature films to survive, then I will be faced with constraints. I will have to look for gaps between the crevices of the film industry system to find my freedom.

The way I approach things will be constrained by the industry framework. The framework says you have to have a screenplay, you have to have a story to tell, or else you won't get funding. This all comes from the framework and it's a very rigid one.

We just use our limited room for maneuver within that framework. Whereas if I can go outside the framework, I think I'm in a much freer position. Everyone has to deal with these conceptual limitations, you see it with all these K-dramas or Korean films, it's more or less the same with films worldwide. Independent films have to work within that framework too. There was someone who wanted to work with me recently, when this young director had finished telling me their story, I asked him, do you want to make just a film, or make a good film? There's a difference. To make a good film you need freedom, how can you make a good film without freedom? And he answered that if he did things in that free a way, he might not get the money.

Q14. The universe of the Walker Series seems to be finding something new with each new title. New actors, for example, particularly Anong Houngheuangsy. You have just finished a new part of this series, *Abiding Nowhere* (2024). What will be the future journey of the Walker Series?

I'm happy I've been able to make ten Walker films.

행자 연작   慢走長征 系列作品   **WALKER SERIES**

저는 관객의 관람 습관을 바꾸려는 시도를 하고 있다고 생각합니다. 극장에 가면 꼭 극영화를 봐야만 하나요? 혹은 꼭 다큐멘터리만 봐야 하나요? 다른 영상이 다양하게 상영될 가능성은 없나요? 극장에서 다양한 영상을 선보여야 한다고 봅니다. 극장이야말로 이미지를 상영하기에 가장 좋은 장소니까요.

그러나 중요한 건 관객을 양성하는 일이라고 봅니다. 관객을 길러낸다는 개념은 미술관에서 출발해야 합니다. 특히 아시아의 관객에게 필요한 부분으로, 한국도 그렇고 대만도 그렇습니다. 모두 미술관에 관한 교양이 부족합니다. 하지만 우리 시대에는 미술관이 발전하기 시작했으므로 이런 미술관을 통해 뛰어난 자질을 갖춘 관객을 길러낼 방법을 모색해야 합니다. 관객의 수, 그러니까 자질이 뛰어난 관객의 수가 일정 수준에 도달했을 때 극장에서도 비로소 더 자유로운 작품을 상영할 수 있을 테니까요.

Q13. 행자 연작을 시작한 지 10년이 되었습니다. 이는 상업적인 방식으로 영화를 만들지 않겠다는 창작의 자유를 선언한 후의 기간을 뜻하기도 합니다. 이 과정에서 일어난 창작 방식의 변화는 무엇인가요?

저는 늘 자유롭습니다. 하지만 제가 누리는 자유에도 한계가 있음을 잘 알고 있습니다. 만일 제가 여전히 상업적인 방식으로 극영화를 만들면서 살아야 한다면 아마 지금도 제약 속에서 살아야 할 겁니다. 저는 불가피하게 영화산업이라는 제도 안에서 아주 작은 틈을 찾아서 저의 자유를 쟁취하려 했겠지요.

They weren't easy to produce, it often left me feeling like a Film Studies student—I had to rethink lots of things because we had to let go of lots of preconceived ideas. For example, the concept of landscape art, which is something you do without preparation—one of the things about it is that you walk around without planning, you come to a hilltop, see the sun going down, you just start painting. This is just anathema to filmmakers who insist on structure, effects, all those things, so for me the journey of making the Walker films wasn't a straightforward one, I often felt quite anxious.

So I was often on edge. Shooting the Walker films I felt I needed to do more things, but I'd only end up regretting it if I did. That's why I think the Walker Series can be built on, it leaves a lot of room for exploration, for example, it can be shown in art museums, and is also at home in the cinema. If we look at the ninth Walker film *Where* (2022), at the Golden Horse Awards last year they screened it in a huge theater, and it worked exceptionally well. Overall I think the Walker Series gives the cinema a new kind of possibility again, one that everyone can reflect on.

Q15. When people ask about a movie, they expect to hear about the plot. If people ask "What is the Walker Series about," what would be your answer?

This film is only about walking, nothing else. Do you want to see it?

No Form (2012). Installation and performance.

저의 사고는 산업의 프레임에 묶였을 겁니다. 그 프레임 속에는 반드시 시나리오가 있어야 하고, 스토리텔링이 있어야 하죠. 그게 없으면 돈을 구할 수 없어요. 그게 바로 프레임입니다. 아주 심각한 프레임이지요. 우리는 그 프레임 속에 갇혀 제한된 사고를 합니다. 그래서 제가 만약 그 틀을 벗어날 수 있으면 저는 더 자유로워질 수 있습니다. 사실 모두가 다 그 개념 속에 갇혀 있습니다. 어떤 한국의 드라마, 한국의 영화도, 아니 전 세계의 영화가 다 비슷할 겁니다. 독립영화도 그렇고 모두 프레임 안에 갇혀 있습니다. 얼마 전에 젊은 영화 감독 하나가 작품을 같이 하고 싶다며 저를 찾아왔어요. 그가 자신의 이야기를 다 한 다음에 제가 물었습니다. 영화를 찍고 싶은 건지, 아니면 좋은 영화를 찍고 싶은 건지 말이지요. 그건 다른 겁니다. 좋은 영화를 만들려면 자유로워야 하는데, 자유가 없으면 어떻게 좋은 영화를 만들 수 있냐고 물었습니다. 그랬더니 자유롭게 찍으려면 아마 돈을 구하기 어려울 것 같다고 하더군요.

Q14. '행자 연작'의 세계는 매번 무언가 새로운 것이 등장합니다. 예를 들면, 아농 호웅흐앙시 배우의 출연이라던가. 10번째 〈무소주〉(2024)를 막 완성하셨는데, 앞으로 '행자 연작'은 어디로 향하나요?

저는 정말 행운이었다고 생각해요. '행자 연작'을 10편이나 찍었으니까요. 물론 촬영 과정은 정말 힘들었어요. 문득문득 영화를 배우던 학생 시절로 돌아간 느낌이 들었어요. 많은 부분을 다시 생각

행자 연작 慢走長征 系列作品 WALKER SERIES

해야 했어요. 버릇처럼 갖고 있던 익숙한 개념들을 버려야만 했습니다. 예를 들어 스케치라는 개념을 생각해 보면, 스케치는 준비 없이 하는 것이죠. 스케치의 정신이란 건 준비가 필요 없어요. 산꼭대기에 올라가 해지는 모습을 보면 바로 그리면 되는 겁니다. 그건 우리가 영화를 찍을 때 버릇처럼 되어 버린, 구조를 중요하게 여긴다거나 효과를 중요하게 생각하는 그런 것들과는 큰 충돌을 일으킵니다. 그래서 '행자'를 찍는 과정은 절대 쉽지 않았습니다. 저는 사실 늘 마음을 졸였습니다. 저는 때때로 신경이 곤두선 채로 촬영을 하기도 했습니다. '행자'를 촬영할 때, 좀 더 많은 걸 하고 싶어 욕심을 내고나면 막상 촬영한 후에 후회가 남았습니다.

'행자'는 앞으로 더 발전할 수 있는 여지가 아주 많습니다. 예컨대 미술관에서도 찍을 수 있고 영화관 안으로도 들어갈 수 있겠지요. 제가 찍었던 아홉 번째 '행자'인 〈곳〉(2022)처럼 말이죠. 작년 금마장영화제에서 이 영화가 아주 큰 상영관에 배정되었는데 효과가 아주 좋았습니다. 종합적으로 '행자'는 영화관의 새로운 가능성을 모두가 생각해 볼 수 있도록 문제를 제기했다고 봅니다.

Q15. 흔히 사람들은 "그 영화는 무슨 내용이냐?" 묻습니다. 만약 누군가 '행자 연작'은 무엇에 관한 것이냐 묻는다면 어떻게 설명하시겠습니까?

이 영화는 오직 걷는 것에 관한 것입니다. 그것밖에 없어요. 그래도 보시겠습니까?

문성경

차이밍량 감독을 생각하며

중학교를 졸업할 무렵 내가 살던 도시에 영화제가 생겼다. 고등학교는 바다가 눈앞에 펼쳐진 언덕에 위치했는데 장마철 태풍이 몰아치는 등굣길은 우산이 아무짝에 소용이 없었다. 그래도 하굣길에 글라스 재질로 덮인 방송국 건물 위로 노을이 반사되는 아름다운 광경을 볼 때면, 갑갑한 학교생활로부터 숨통이 트이곤 했다. 영화제는 늘 2학기 중간고사 기간에 개최됐고 매일 시험이 끝나자마자 나는 놀이기구보다 위험하기로 유명한 버스를 타고 극장으로 향하곤 했다. 그곳에서 나는 하루에 3편씩 영화를 봤다. 다른 삶을 꿈꿀 수 있어 먹지 않아도 충만했다. 때론 정의할 수 없는 기분을 불러일으키는 영화도 있었는데 차이밍량 감독의 영화가 그랬다. 마지막 영화가 끝나면 자정이 넘었고, 집으로 돌아오는 버스는 새벽 장사를 위한 청소로 바닥에 물이 흥건한 시장과 개발로 붕괴된 공사장으로 이어지는 텅 빈 밤의 도시를 통과했다. 내 눈앞에는 차이밍량의 영화가 다시 이어지는 것 같았다. 그의 영화를 보고 난 후엔, 매일 눈을 뜨면 학교에 가지만 왜 사는지 알 수 없던 날들이 극단적인 슬픔이 아닌 그저 떠다니는 자연스러운 삶일 수도 있다는 위로를 받았다. 때론 누군가를 가만히 지켜보는 것만으로도 삶을 버티는 힘

文晟炅

思及蔡明亮導演

中學畢業時，居住的城市裡舉辦了電影節。高中位於大海展現在眼前的山坡上，雨季颱風肆虐的上學路上，雨傘沒有任何用處。但是，每當放學路上展開的晚霞被玻璃材質覆蓋的電視台建築物反射時，美麗的景象總是讓我喘不過氣來。電影節總是在第二學期期中考試期間舉行，每天考試結束後，我都會乘坐因為比遊樂場設施更危險而聞名的公車前往電影院。在那個地方，我一天可以看三部電影。因為可以夢想著不同的生活，所以即使不吃不喝，我也會有高度的滿足感。還有一些電影讓人產生一種無法定義的奇怪心情。在給我留下深刻印象的幾部電影中，就有蔡明亮導演的電影。看完電影，在午夜過後坐上回家的公車總是會經過準備凌晨生意、灑水和清掃的市場以及因開發而倒塌的空蕩夜晚城市，在我眼前，蔡明亮導演的電影似乎還在繼續。每天睜開眼睛後上學，但不知道為什麼活下去的日子，在看完他的電影後，得到不是極端的悲傷，而是漂浮的自然生活之安慰。有時候，只要凝視某個人，就能獲得堅持生活的力量。世上沒有任何用處的人生也能照樣活下去。

Sung Moon

THINKING ON TSAI MING-LIANG

Around the time I graduated from middle school, a film festival was established in the city where I lived. The high school I attended stood atop a hill overlooking the vast expanse of the ocean. During the stormy rainy season, umbrellas were more or less useless on my way to school in the middle of a typhoon. But I found solace and relief in the breathtaking sunset cast upon the glass façade of the broadcasting building that I would pass by on my way home from school. The film festival coincided with the fall midterms, and every day after the exams I boarded the notorious bus known for its hair-raising rides akin to a rollercoaster to get to the theaters. There I watched three films a day. They offered me dreams of different lives, satisfying my hunger even without food. There were films that evoked sensations that I couldn't put into words. Among the several films that left a lasting impression on me, there were those directed by Tsai Ming-Liang. After watching the films, I journeyed home on the midnight bus, traversing through the open-air market where merchants were spraying water to clean the streets, preparing for the early morning hustle, and encountering the desolate nighttime cityscape, a casualty of relentless development. It felt as though his films were continuing in real life right in front of my eyes. While I woke up every morning and trudged to school, I couldn't understand the purpose of

을 얻게 된다. 세상에 어떤 하찮은 인생도 그 자체로 살아갈 수 있다.

my life. Yet after watching his films, instead of extreme sadness I found comfort in that mine was a life akin to that of any other human being. Sometimes, a mere glimpse into someone else's life grants us the strength to endure our own lives. Even a life that may seem inconsequential has the capacity to persevere and move on.

여기서부터 차이밍량 감독에게 보내는 편지가 이어집니다. 從此處起，接續我寫給蔡明亮導演的信函。From here on, the letters to Director Tsai Ming-Liang follow.

정성일

차이밍량 감독님에게 보내는 연서戀文

안녕하십니까, 그리고 환영합니다. 네, 환영합니다. 봄비가 내려 세상 곡식이 제 자리에서 한껏 땅의 기운을 받아들인다는 穀雨/谷雨(10)guyu로부터 보름이 지난 뒤 감독님이 전주全州를 방문하실 예정이라는 이야기를 영화제로부터 전해 들었습니다. 감독님이 도착하셨을 때 함께 여름이 거기 이를 것입니다. 네, 여름이 들어선다는 立夏(11)가 그 언저리에 있습니다. 그러니 감독님을 다시 만날 때 아마도 늦은 봄비가 내리거나 다소 이른 무더위가 어른거릴지도 모르겠습니다. 이렇게 인사를 시작하는 까닭은 감독님의 영화를 볼 때마다 저는 항상 가장 먼저 계절의 신호들을 만나기 때문입니다. 처음 시작은 이러했습니다. 감독님의 첫 영화의 첫 장면에서 (《青少年哪吒(12)》(1992)) 비가 하염없이 내렸습니다. 그게 감독님의 영화를 처음 본 첫 장면이었습니다. 어두운 밤, 비 내리는 날 두 청소년이 공중전화 부스에서 공중전화 동전통을 털어가고 있습니다. 이때 또 다른 장소, 한 청소년이 자기 방에서 공부하고 있습니다. 그러다가 눈을 돌리니 방구석에서 바퀴벌레가 기어 나왔습니다. 이상할 정도로 바퀴벌레가 제 시선을 끌었습니다. 바퀴벌레는 저에게 계절의 신호였습니다. 바퀴벌레가 가구 안 구석에 숨어있다가 기어 나오는 계절. 습기가 가득 차오르면서

(10) 편집자 주: 곡우.
(11) 편집자 주: 입하.
(12) 편집자 주: 청소년 나타.

鄭聖一

寄給蔡明亮導演的戀書

蔡導演, 你好嗎？是的, 歡迎您。我從電影節主辦單位得知, 您將會在春雨落下, 世上農作盡情吸收土地氣息的節氣—穀雨guyu的半個月後訪問全州。導演您到達的時候, 夏天將會一起到來。是的, 夏天即將到來的立夏就在那個時間點。因此, 再次與您見面時, 可能會是在下著遲暮春雨或稍早的炎熱天氣時節也未可知。之所以以此為始, 向您問安, 是因為每次看您的電影, 我都會最先與季節的信號相遇。情況是這樣開始的。您第一部電影《青少年哪吒》(1992) 的開場就是似乎永無止境的滂沱大雨, 那也是我首次看您的電影的第一個場面。黑夜、雨天, 兩個青少年撬開公用電話亭裡的硬幣筒。另一個場所, 一個青少年正在自己房間裡讀書。轉眼一看, 蟑螂從房間的角落爬了出來。奇怪的是, 蟑螂吸引了我的視線。蟑螂對我來說是季節的信號, 蟑螂躲在傢俱的角落, 從那裡爬出來的季節。濕氣襲人, 猶如誘惑外出一般。青少年打死蟑螂之後, 扔到正下著雨的窗戶外面。但過了一會, 發現那隻死了的蟑螂似乎像復活回來一樣, 貼在窗戶上。就像是拜託牠離開一樣, 用手掌敲打玻璃窗, 敲著敲著, 接著玻璃就被打碎了, 血滴到地板上。電影持續了一段時間, 最後的場景在台北的街頭結束。街上可能剛下過雨, 濕漉漉的, 甚至能映照

Jung Sung-il

A LOVE LETTER TO DIRECTOR TSAI MING-LIANG

How are you, Tsai Ming-Liang daoyan? And welcome. Yes, welcome. I learned from the programmers at JEONJU IFF that you will be visiting Jeonju 15 days after Guyu, the time when the spring rain falls and all the grains absorb the energy of the earth to their fullest. When you arrive in Jeonju, summer will be there as well. Yes, Lixia, which literally means "start of summer" is right around then. So when I see you again, it may be wet with late spring rain or a rather early heat of the summer. I begin my letter with talk of seasons and weather because every time I watch your films, the first thing I encounter in the opening scenes are the signs of seasons. This was how it all began—in the first scene of your very first film, *Rebels of the Neon God* (1992) it rained endlessly. That was the very first scene I'd seen of a film directed by you. On a dark, rainy night, two teens are robbing a phone booth, stealing coins from the coin box. Meanwhile, another teen is studying in his room. He glances away for a moment and notices a cockroach that has crawled out from a corner. Strangely, the cockroach caught my eye more than anything else. It signaled a season to me—the time when cockroaches hiding in the corners of furniture begin to crawl out. As the humidity rises and fills the room, rain falls outside, as though tempting the boy to step outside. He kills the cockroach and tosses it out the window into the

외출을 유혹하는 것처럼 바깥에서 내리는 비. 청소년은 바퀴벌레를 죽여서 비 오는 창문 바깥에 버립니다. 그런데 잠시 뒤에 마치 죽은 바퀴벌레가 살아 돌아온 것처럼 창문에 붙어있는 걸 발견합니다. 제발 곁을 떠나라는 듯이 손바닥으로 유리 창문을 두들기고, 두들기고, 두들기다가 그만 깨트려버립니다. 그리고 바닥에 피가 떨어집니다. 한참을 영화가 진행하다가 마지막 장면은 타이베이의 길거리에서 끝납니다. 길거리는 방금 비가 내린 다음인지 잔뜩 젖어있습니다. 지나다니는 차의 불빛이 반사되어 보일 만큼 젖어있었습니다. 카메라가 천천히 하늘로 올라가니 구름이 하늘을 가득 메우며 지나가고 있습니다. 비가 내린 다음 이제 걷히는 것일까요, 아니면 다시 더 큰 비가 내리려는 것일까요. 그 장면으로는 가늠할 수 없었습니다. 그런 다음 항상은 아니었지만, 감독님의 영화에서 비가 내리는 것을 보고 또 보았습니다. 제가 어떻게 〈구멍〉(1998)에서 넘쳐나는 비를 잊을 수 있겠습니까. 그리고 〈안녕, 용문객잔〉(2003)에서 福和[13] 영화관 바깥에 내리는 비를 잊을 수 있겠습니까. 그래서 행자行者 연작을 볼 때마다, 李康生[14]이 거의 멈춘 것처럼, 그렇게 힘겹게 걸음을 옮길 때마다, 아니 차라리 걸음을 멈추고 있을 때마다, 안절부절못하면서, 갑자기 비가 내릴지도 몰라, 그러면 이번 고행길을 망칠 거야, 라고 마치 염불을 외우듯이 중얼거리곤 하였습니다. 걸음을 천천히 옮길 때, 느리게 옮길 때, 아니, 거의 멈춘 것처럼 서 있을 때, 서 있는 것처럼 그렇게 보이지만 무겁게 발걸음을 옮기고 있을 때, 그런데 발이 닿아있는 길 위에 구름의 그림자가 지나가고 있을 때, 네, 감독님은 구름의 그림자가 천천히 움직이고 있는 것이, 그게 제 눈에 보일 만큼, 그렇게 발걸음의 속도를 제한하고 있었습니다. 그

(13) 편집자 주: 푸허(복화).
(14) 편집자 주: 리캉성(이강생).

出路過的車燈。攝像機緩緩升空，烏雲蓋滿天空。是雨過天晴呢？抑或是還會下更大的雨？無法用該場面來預估。雖然不是經常，但一看再看您電影裡下雨的場面。我如何能忘記《洞》(1998)裡滂沱大雨？我又如何能忘記《不散》(2003)中福和電影院外的雨？所以每當看到《行者》系列作品時，就像李康生幾乎靜止一樣，每當邁出艱辛的步履時，不，最好是停下腳步的時候，就會忐忑難安，說不定突然會下雨，那麼就會毀了這次的苦行之路，就像唸佛一樣自言自語。緩緩移動腳步的時候，慢慢挪動腳步的時候，不，像幾乎停止一樣站著的時候，看起來就像站著一樣，但沉重地移動腳步的時候，但是在腳部觸碰到的道路上，雲的影子經過的時候，是啊，您說過的雲的影子在緩慢移動，我能看到，如此限制著腳步的速度。那時是不是在下雨？這種憂慮應該不只是發生在我身上而已。也許是因為您期待沉迷於速度冥想的關切，我沒能好好地看電影也未可知。但我不認為在步履和氣候之間變化無常的關係中、在連接二者之間的位置上，用感情代替感覺，把憐憫之心注入其中，以之填滿我的心是毫無意義的。我曾問過您在您的電影中，經常會看到的長鏡頭處理究竟是什麼，您回答說『人生如寄rensheng_ru_ji』，並讓我在下一個街道觀看。我又重新翻譯。我想起了Long Take的中文是『長鏡頭zhang_jingtou』。當然，我也知道『鏡頭』指的是電影中的『scene』。『長』作為後綴，也被使用為望遠鏡頭。但我還是決定再退後閱讀，因此，我按照字面à la lettre，再次寫了下來，因為只有這樣才能接近您對我說的那句話。無視語法來看，我曾在中文詞彙中學過，『頭』雖然是開頭，（現在我在想著書頭題字）結尾的時候也會使用。(是的，我正在想到頭來) 所以我重新解讀為，

rainy street below. Yet, shortly after, he spots another cockroach on the window, almost as if the one he's killed has come alive again. Trying to make it go away, he bangs, bangs, and bangs on the window with his palm and ends up shattering the glass windowpane. Then, drops of blood fall onto the floor. The film progresses for a while, leading to its conclusion on the streets of Taipei in the final scene. The ground is wet, likely from a recent rain. The streets are wet enough to reflect the passing car lights. Slowly, the camera rises into the sky, covered with dense clouds. Are the clouds dispersing after rain, or are they gathering for an even heavier downpour? It was hard to tell just from that scene. Since that film, I've seen it rain and rain again in many of your films. How could I forget the never-ending rain in *The Hole* (1998)? Or the pouring rain outside the Fuho Grand Theatre in *Goodbye, Dragon Inn* (2003)? That's why every time I watched Xingzhe (Walker) series, every time Lee Kang-Sheng took a slow and laborious step, seeming almost to have stopped moving, or rather, every time he paused during his walk, I fretted, murmuring as if reciting a mantra, "It might suddenly rain. If it does, it would ruin the pilgrimage." When he plodded slowly, sluggishly, or actually when he appeared to have completely stopped moving, when he was actually taking one heavy step after another despite looking as though he'd stopped, and when the shadow of clouds passed over the path where his feet were planted—yes, you were restricting the pace of his steps to the point where I could see the slowly moving shadow of clouds. I doubt I was the only one who worried about the possibility of rain in those moments. Perhaps I didn't watch the films the right way, in terms of your consideration and hope for the viewers to immerse themselves in the meditation of slowness. Still, I don't think it's futile for me to place emotion rather than sensation into the con-

때 비가 내리는 것은 아닐까, 라는 걱정은 저만의 것이 아니었을 것입니다. 어쩌면 속도의 명상에 빠져들기를 기대하는 감독님의 배려에 대해 제가 영화를 잘못 보고 있는 것일지도 모르겠습니다. 하지만 걸음과 기후 사이에서 벌어지는 변화무쌍한 관계 안에서 그 둘 사이를 연결하는 자리에 감각 대신 감정을 가져다 놓고 그 안에 연민의 마음을 부어 넣어서 채우려 드는 제 마음이 부질없다고는 생각하지 않습니다. 제가 감독님의 영화에서 늘 마주치는 롱 테이크가 무엇입니까, 라고 질문하자 저에게 '人生如寄(15)rensheng_ru_ji'라고 대답하셨습니다. 그런 다음 거기서 그걸 보라고 말씀하셨습니다. 저는 다시 번역했습니다. 롱 테이크가 중국어로 '長鏡頭zhang_jingtou'라는 걸 떠올렸습니다. 물론 '鏡頭(16)'가 영화에서 'scene'을 가리킨다는 건 알고 있습니다. '長'을 접미사로 붙여서 망원렌즈라는 다른 말로 사용된다는 것도 알고 있습니다. 하지만 저는 더 물러나서 읽어보기로 하였습니다. 그래서 문자 그대로à la lettre 다시 옮겨썼습니다. 그래야만 저에게 화두처럼 던진 그 말씀에 다가갈 수 있을 것 같기 때문입니다. 문법을 무시하고 바라보았습니다. '頭(17)'는 첫머리이기도 하지만 (지금 저는 書頭題字(18)를 생각하고 있습니다) 끝마무리를 말할 때도 사용한다고 중국어 단어장에서 배웠습니다. (네, 저는 到頭來(19)를 생각하고 있습니다) 그래서 '鏡(20)'에 비친 모습을 처음머리頭부터 끝마무리頭까지 오랫동안長 담아내는 것, 그건 '人生'을 '鏡'에 맡겨두는 것이자 카메라의 렌즈에 담기는 것을 사이間, between에, 그러니까 처음부터 끝 사이에, 거기에

(15) 편집자 주: 인생여기.
(16) 편집자 주: 장면.
(17) 편집자 주: 머리 두.
(18) 편집자 주: '책 머리에 기념으로 글을 몇 자 쓰다'라는 뜻으로 이 곳에서는 책 머리를 시작의 의미로 씀.
(19) 편집자 주: 마침내 (끝).
(20) 편집자 주: 거울 경.

從頭到尾長時間拍攝的『鏡』的形象，就是把『人生』交給『鏡』，也是把鏡頭裡的東西放在『間』between之間，也就是從頭到尾之間，就放在那裡。此時的『間』，也就是說從開始到結束，一方面是說從這裡到那邊的空間關係，同時也是從現在到那時的時間性關係。因為從這到裏需要一段時間，那時的『間』下著雨，或者天氣晴朗，或者雲彩從路上經過，總之，這一切都要交付(寄)。那麼，行者就會在寄託的世界走下去，忍受著那裡發生的一切走下去的苦行路即為『人生』，您當時是如此說明的。此時，攝影機拍攝的所有形象、鏡頭中停留的所有形象、該形象的時間、形象的地點即為『鏡花水月jinghua_shuiyue』，用韓語說，您說那就是鏡子中的花，是漂浮在水中的月亮。為了說明這句話，您當時毫不猶豫地花費了許多時間。我不知道該怎麼解釋當時自己受到教誨時得到的感觸。我並沒有僅止於將這句話單純地概念化為佛家所說的色即是空，空即是色，我想走得更遠。這段話讓我用花重新審視行者，用月亮再次觀照。我突然就安心了，是啊，沒錯，把雨灑在路上的花朵之上也無妨。行走的行者，像靜立一般，是的，這樣輕拂過行者的風，就像向世界傳送花香一樣，再次被見到。如此行走的行者是在這個名為『世界』的水上行走的月亮。即使世界的速度，創造速度的許多人，人身邊的物質，物質的顏色、光、結構的面和線在『鏡』上激起波紋，即使水在晃動，水中的月亮也不是在該處，而是漂浮在那裡，所以就像毫不動搖一樣，行者得以不停下腳步，勇敢前行。對我而言，《行者》系列不是美學的問題，而是觀賞電影的經驗問題。更是一次回顧該經驗的時間內的旅行。聽說您的旅行是在晚春或早夏的某一天，地點是全州，您不知道我有多高興。我會等候您

nection between walking and season in the ever-changing relationship between the two, and to fill it with compassion. When I asked you about the long takes that are always in your films, you answered, "Rensheng ru ji" (人生如寄, literally "Life is like a brief sojourn at an inn."). Then you told me to try and see that in those long takes. I translated your words. I recalled that in Chinese, a "long take" was 長鏡頭 *zhang jingtou*. I knew that 鏡頭 *jingtou* meant "scene" in film. I also knew that it could refer to a telephoto lens, with "長 *zhang*" added as a suffix. But I decided to take a step back and try to understand it from a broader perspective. First, I wrote down the Chinese characters à la lettre, as I felt that it would help bring me closer to understanding what you meant by those words you'd brought up like a topic of conversation. I looked at the characters, setting aside the grammatical structure. The character "頭 *tou*" means "head" (as in the word 書頭題字 *shutou tizi*, meaning "preface"), but I'd read from a Chinese vocabulary book that it can also denote the end (yes, I'm thinking of 到頭來 *dao tou lai*, meaning "in the end."). So, I interpreted it as capturing the image reflected in the *jing* (鏡, meaning "mirror" or "lens") for a long (長) time from the beginning (頭) to the end (頭)—in other words, entrusting life (人生) to *jing* (鏡), while simultaneously entrusting what is captured on the camera lens to the in between (間), between the beginning and the end. This "in between" (間) refers to both a spatial concept (from here to there), and a temporal concept (from this point to that). This is because it takes time (from this point to that) to move from here to there. During that duration and in the spaces in between, there may be rain or sun, or passing clouds over the path of xingzhe. And everything would have to be entrusted (寄) to the order of things. And xingzhe will traverse the entrusted world, and the challenging path he must walk while enduring

맡겨두는 것이라는 말로 다시 읽었습니다. 이때 '間', 그러니까 처음부터 끝까지는 한편으로는 여기서부터 저기까지를 말하는 공간적인 사이이자, 그러므로 동시에 이때부터 저 때까지를 말하는 시간적인 사이를 함께 말하는 것일 것입니다. 여기에서 저기까지 가려면 이때부터 저 때까지 걸리는 시간이 있어야 하기 때문입니다. 그때 그 '間'에 비가 내리고 혹은 날이 화창하게 맑고, 아니면 구름이 길 위로 지나가고, 하여튼 이 모든 것은 맡겨놓아야裔하는 것이겠지요. 그러면 行者는 맡겨놓은 세상 속을 걸어갈 것이고, 거기서 벌어지는 모든 일을 감내해가면서 걸어가는 그 고행길이 '人生'인 것이겠지요. 감독님은 거기에 이렇게 덧붙이셨습니다. 이때 카메라에 담기는 모든 이미지, 렌즈에 머무는 모든 형상, 그 형상의 시간, 이미지의 장소는 '鏡花水月 jinghua shuiyue', 한국말로 제가 어색하게 옮기자면, 그건 거울 속의 꽃이고 물속에 떠 있는 달이라고 하셨습니다. 이 말을 설명하기 위해 감독님은 그때 아낌없이 시간을 썼습니다. 제가 배움을 얻는 동안 받았던 감흥을 어떻게 설명해야 할지 모르겠습니다. 저는 이 말을 그저 단순하게 불가에서 말하는 色卽是空, 空卽是色(21), 으로 개념화하는 데서 멈추지 않고 이번에도 더 멀리 가보고 싶어졌습니다. 이 말에서 저는 行者를 꽃으로 다시 바라보고, 달로 한 번 더 다시 바라보았습니다. 그러자 갑자기 저는 안심되었습니다. 그래, 맞아, 길 위를 걸어가는 꽃 위에 비를 뿌려도 괜찮아. 걸어가는 行者, 멈춰 서 있는 것만 같은, 네, 그렇게 行者를 스쳐 지나가는 바람은 마치 꽃향기를 세상에 전하는 것처럼, 그렇게, 다시 보였습니다. 그렇게 걸어가는 行者는 세상이라는 물 위를 걸어가는 달이었습니다. 세상의 속도가, 속도를 만들어내는 수많은 사람이, 사람 곁의 물

的到來。是的，我會等待。如同行者的脚步數，我也會增加自己的學習，一直努力下去。

方才得知2024年春天到來的消息，就接到導演您要來的喜訊，

鄭聖一 Jung Sung-il 郑圣一 敬呈

everything that transpires along the way would be "life." To that, Tsai daoyan, you added: all images captured on camera during that time, all shapes and figures left on the lens, the time of those shapes and figures, and the location of those images are "*jinghua shuiyue* 鏡花水月"—a somewhat clumsy translation of which would be, "A flower in the mirror, the moon on the surface of water." You took all the time you could to explain what you meant. I'm not quite certain how to articulate the inspiration I gleaned while learning from you. I didn't want to stop at merely conceptualizing what you meant in terms of the Buddhist philosophy of "Form is emptiness, and emptiness is form"; I wanted to delve deeper. From your words, I reexamined xingzhe as both a flower and the moon. That brought a sudden sense of relief over me. I thought, okay, right, it's alright if rain falls on a flower as it walks along the path. The breeze that brushed past xingzhe who appeared to be almost motionless, yes, that breeze, upon closer inspection, seemed to be carrying and spreading the flower's fragrance throughout the world. Xingzhe, moving in such a manner, was the moon gliding over the surface of the water that was the world. Even if the world's pace, the countless people who set that pace, the matters surrounding those people, the color and the light of matters, and the planes and lines of structures cause a stir on the *jing*, creating ripples, the moon reflected on the surface of the rippling water remains unmoved, as it is not in the water itself but high in the sky above. Likewise, it must have been possible for the walker to proceed with courage, never stopping. To me, Xingzhe series wasn't a question of aesthetics but rather about the experience in the time it took to watch the films. It was a journey into the time spent watching that experience. I can't express how delighted I was upon hearing that you would be coming to Jeonju in late spring, or

(21) 편집자 주: 색즉시공 공즉시색.

질들이, 물질의 색과 빛과 구조의 면과 선이 '鏡' 위에 파문을 불러일으켜도, 그래서 물이 일렁거려도, 물에 비친 달은 여기 있는 것이 아니라 저기 떠 있는 것이기 때문에, 조금도 동요하지 않는 것처럼, 行者는 발걸음을 멈추지 않고, 용맹정진할 수 있었을 것입니다. 저에게 행자行者 연작은 미학의 문제가 아니라 영화를 보는 동안의 경험의 문제였습니다. 그리고 그 경험을 바라보는 시간 안으로의 여행이었습니다. 감독님의 여행길이 늦은 봄, 혹은 이른 여름 어느 날 전주로 향한다는 말을 전해 듣고 얼마나 기뻤는지 모릅니다. 감독님을 기다립니다. 네, 기다립니다. 行者의 걸음 수만큼 저의 배움이 더하기 위해서 저도 열심히 바라보고 또 바라보겠습니다.

2024년 봄이 온다는 소식을 막 듣고 나서, 감독님이 온다는 전갈을 받아들고,

정성일 보냄

perhaps early summer. I will eagerly await your arrival, Tasi daoyan. Yes, I will be waiting for you. In the meantime, I will continue to watch and observe, striving to enrich my understanding as much as the number of steps taken by xingzhe.

From Jung Sung-il,

Penned upon hearing the news of the impending arrival of spring in 2024 and the forthcoming visit of Director Tsai Ming-Liang.

시간과 공간의 해방자

時間與空間的解放者

Adrian Martin **THE LIBERATOR OF
TIME AND SPACE**

내가 보고 또 보았고, 연구하고, 가르치고, 글을 쓴 차이밍량의 모든 영화에 대한 기억을 음미하자면 폴 발레리의 시구가 떠오른다. "고독, 그 안에 만물이 살아 있는 이 닫힌 체계를 나는 고독이라 부르리."

역설이다. 어떤 체계가 닫혀 있으나 살아 있다니.

닫혀 있음이란: 물질면에서는 빈곤하고, 사회적, 정치적 신념은 확고하고, 실존과 관련한 사실들 (노화, 질병, 죽음), 또 피할 수 없는 신경증에 감금된 인간 군상을 뜻한다.

살아 있음이란: 가능성, 가상 현실, 은밀한 쾌락 (사적이지만 공유되는), 통찰력, 감각으로 들끓는 예술을 뜻한다.

차이밍량의 영화는 이 역설을 구현하고 새로운 경지로 끌어올린다.

한편으로는 차이밍량의 작품 중 대단히 암울하고 절망적인 작품들이 있다. 우리는 얼굴에서 비참함을 응시하고 차이밍량의 인물들과 똑같이 눈물짓는다. 눈물로 강을 지으며.

반면에 차이밍량은 영화를 해방하고, 동시에 관객인 우리 또한 해방한다. 보고, 탐색하고, 사유할 자유를 지닌 존재로. 차이밍량은 시청각 미디어 속에서 시간과 공간을, 사건과 몸짓을 해방하는 자다.

當回味我看過、重看、研究與寫過的所有蔡明亮電影的記憶，我想起了保羅·瓦勒里Paul Valéry寫過的句子：「我將這個萬物生機勃勃的封閉系統命名為：孤獨。」

這是悖論：一個封閉卻又活躍的系統。

封閉：物質貧困、被社會和政治因素所判定命運的人們，被既定的現實（衰老、疾病、死亡）和他們自己無法避免的神經症狀所監禁的人。

活躍：充滿可能、虛擬實境、藏匿的歡愉（私有但與他人分享）、洞察力、感知的藝術。

蔡明亮的電影體現了此悖論，而且將其提升到了一個新的高度。

一方面，他的一些作品是非常黯淡且無望的。我們從登場人物的臉孔中看到苦痛，與他們一起流淚，而淚成河。

另外一方面，蔡明亮解放電影，也讓我們觀者自由。自由觀看、感受、探索與反思。蔡明亮是在視聽媒體中時間與空間、事件與姿態的解放者。

即便他的電影、影像及裝置似乎已經抵達最苦最悲的境界－除了內容以外－他使用圖像與聲音媒介的方式，他表現環境和身體的方式，仍然一直令人感到愉悅。

蔡明亮的作品裡有很多空曠無人的空間。還有很

When I savour the memory of all Tsai's films that I have seen and re-seen, studied and taught and written about, I recall the saying of Paul Valéry: "*Solitude* I name this closed system where all things are alive".

It's a paradox: a system that is closed but living.

Closed: people who are materially impoverished, socially and politically determined, imprisoned by the fact of existence (ageing, sick, dying) and by their own inescapable neuroses.

Alive: art that is teeming with possibilities, virtual realities, hidden pleasures (private but shared), insights, sensations.

Tsai's cinema embodies that paradox, and takes it to a new height.

On the one hand, there are few œuvres that seem so bleak and hopeless. We stare misery in the face, and we cry just like his characters. A river of tears.

On the other hand, Tsai sets cinema free, and he sets us free as spectators. Free to look and feel and explore and reflect. Tsai is the liberator time and space, of event and gesture, in audiovisual media.

Even when his films and videos and installations appear to have reached their most bitter, most tragic point, there is still—over and above this content—a constant exhilaration in the way he uses the medium of image and sound, the way he stages environments and bodies.

그의 영화, 영상, 설치작품들이 가장 고통스럽고 비극적인 지점에 도달한 것처럼 보일 때에도, 표현하고자 하는 내용 너머로 그가 이미지와 소리라는 장치를 사용하는 방식, 환경과 신체를 연출하는 방식에는 여전히 달뜸이 끊이지 않는다.

차이밍량의 작품 속에는 텅 빈, 사람이 없는 공간이 많다. 그리고 침묵도 많다. 공. 하지만 공은 절대 무가 아니다. 공은 살아 있다. 이미 지나가 버린 것들에 대한 기억, 미처 아직 오지 않은 것들에 대한 가능성과 더불어 공은 전율하고 빛을 발한다.

매니 파버는 이미지 예술, 즉 회화와 영화에서 '네거티브 스페이스'의 개념을 재정의했다. 매니 파버 이후 네거티브 스페이스는 캔버스나 카메라 프레임에 의도적으로 비워 둔 부분 그 이상을 의미하게 되었다. 존재하는 대상을 상쇄하는 부재, 이미지의 균형을 흔들어 이미지 외부로 투척하는 것 또한 네거티브 스페이스의 일면이다. 네거티브 스페이스는 이제 '예술가가 영화 안에서 울려 퍼지도록 설정할 수 있는 경험의 역량'이 된다.

차이밍량, 시공간의 해방자, 그는 공명을 창출한다.

그의 숏들에서 공명이 일어난다. 세포, 핵이 되는 숏은 단순한 서사 라인을 초월하여 다른 모든 세포와 맞닿으려 손을 뻗는다. 때론 그의 작품에서 액션이 시작되기 전, 도입부에 긴 휴지休止 구간이 존재하고, 액션이 끝나고 인물과 몸짓이 사라지는 순간 긴 휴지 구간이 또 한 번 존재하기도 한다. 신발의 탁탁 소리 같은 일상의 소리라는 의식을 도구 삼아 인물에게 관심을 쏠리게도, 몰아내게도 한다.

모든 숏이 궤적을 쫓는다. 카메라의 눈으로 완벽하게 구성된 영화 프레임은 복수의 모서리, 입구, 출구,

多靜默。空。但從來不是虛無。空依然存在，為了已經過去的記憶和可能即將到來的事而顫抖與閃爍。

曼尼‧法貝爾Manny Farber在繪畫和電影等形象藝術中重新定義了負空間概念。在他之後，負空間不再只是畫布或者鏡頭畫框中刻意留白的部分，還意味著打破影像的平衡，將影像本身拋向外部，從而抵消存在的缺失。負空間現在已成為「藝術家可以在電影中引起共鳴的經驗能力。」

蔡明亮，時間與空間的解放者，是一位能引起共鳴的導演。

一切都發生在他的鏡頭裡。鏡頭宛如細胞和細胞核，跨越了簡單的敘事線，朝外伸手去碰觸其他細胞。有時在他的作品中，在動作開始之前，有很長的停頓，而在動作結束之後，人物和姿態都消失時，會有另外一個很長的停頓。透過畫外音的儀式，例如鞋履的敲擊聲，吸引我們注意到人物，接著把他們帶出畫面。

每一個鏡頭都追蹤一條軌跡，由攝影機之眼所完美建構的電影畫框，給我們多重的邊緣、入口和出口點、曲線和軌跡。這是個迷宮，而且是個遊樂場。

一旦軌跡已經自行成立，並且掙脫框架，它的元素就可以抵達我們腦海中任何地方。人物可連結；路徑可交會。天橋已經不見了，但總會有另外一個開口，另外一個通道會誕生。一個虛擬的路徑。

斷裂也會發生。有時因為錯過某個時刻和地點，所以絕對不會發生。因為這是人性，所以無法避免。這也是社會性的：被建築所強加的網格、被拆除的建築物、被重新改造的公園。這麼多孤獨的身體，銜悲。這麼多脫離軌道的衛星—或者卡在相同常規裡，卡得太嚴重了。

There's a lot of empty, unpopulated space in Tsai's work. And a lot of silence. Voids. But never a nothingness. The void is alive. It trembles and sparkles with the memory of what has already passed, and the possibility of what is yet to come.

Manny Farber redefined the concept of negative space in arts of the image: painting and cinema. After him, negative space is no longer just the portion left deliberately empty in a canvas or in a camera frame— the absence that offsets what is present, unbalancing the image and throwing it outside of itself. Negative space now becomes "the command of experience which an artist can set resonating within a film".

Tsai, the liberator of time and space, is a resonator.

It happens within his shots. The shot as a cell, a nucleus, reaching out to touch every other cell, over and above the simple narrative line. There is sometimes a long pause at the start before action begins, and another long pause after it ends, after the people and the gestures are absented. With a ritual of off-screen sound, such as the tap-tap of shoes, bringing in the person to our attention, and then ushering them out.

Every shot traces a trajectory. The filmic frame, perfectly composed by the camera eye, gives us multiple edges, entry & exit points, curves and trajectories. It's a labyrinth, and a playground.

Once a trajectory has played itself out and falls out-of-frame, its elements can go literally anywhere— in our minds. Characters can connect; paths can cross. The skywalk is gone, but there will always be the opening, the birth of another pathway. A virtual pathway.

Disconnections occur, too. There are meetings that never happen, that just miss their moment, their mark. It's inevitable, it's human. It's also social: the grids imposed by architecture, the buildings torn down, the parks remodelled. So many solitary bodies, grieving.

곡선, 궤적을 우리에게 제공한다. 그것은 곧 미로이고, 놀이터이다.

궤적이 제 노릇을 하다 프레임 밖으로 떨어지면, 궤적이 지닌 요소들은 문자 그대로 어디로든 갈 수 있다. 우리의 마음속에서. 등장인물들은 관계를 맺을 수 있다. 길이 교차할 수 있듯이. 천교는 보이지 않게 되지만 새로운 시작, 또 다른 통로가 언제든 탄생할 수 있다. 가상의 통로도.

물론 단절도 발생한다. 영원히 이루어질 수 없는 만남들, 만남의 순간, 만남의 지점을 가까스로 놓친 결과들도. 피할 수도 없다, 사람의 일이다. 또 사회의 일이기도 하다. 건축물 때문에 생겨난 어쩔 수 없는 구획들, 허물어진 건물, 보수 공사를 거친 공원들처럼. 수많은 고독한 인간들이 슬픔에 잠겨 있다. 수많은 위성들이 궤도에서 탈주했거나, 똑같은 그루브에 갇혀, 너무나 단단히 갇혀 버린.

하지만 차이밍량 작품에서는 목적지와 방향이 정해져 있지 않다. 행자는 계속 걸어갈 것이고, 지금은 모종의 도시나 풍경 속에서, 또 다른 도시나 풍경에서도. 늘 움직이고 있을 것이다. 너무 느린 나머지 움직임이 거의 느껴지지 않을지라도.

그 와중에 행자를 둘러싼 세상이 늘 새롭게 보일 것이다. 반사체에 비추어져서, 익숙하지 않은 각도에서 보게 되어서, 이런저런 요소들이 조합되어 인지를 왜곡하는 공간 속에서.

차이밍량의 작품은 종종 극영화보다는 행위 예술 쪽에 가깝다. 몸동작이 의식(儀式)이 된다. 어느 동작도 형벌과 닮았다. 수박을 나른다거나, 벌레처럼 바닥을 기며 돌아다닌다거나. 노래를 부른다거나, 점잖을 빼며 자세를 잡는다거나, 춤을 춘다거나. 몸을 구부려 근육

但是蔡明亮作品裡的目的地與方向並非固定的。行者將繼續行走，時而在一座城市或者風景中，時而在另一座城市或風景中。即便很慢，難以察覺，但總是會有行動。

同時，行者的周遭將會被重新審視：在映像中，以不尋常的角度，在事物交織震撼人心的空間當中。

蔡明亮的作品有時更傾向行為藝術而不是敘事電影。肢體姿態變成儀式；任何動作都像是挑戰。攜帶一顆西瓜。像是昆蟲一樣在地板上爬行。唱一首歌，擺個姿勢，或者跳舞。彎身，拉緊肌肉，小便，在長椅上無所事事地等待，被按摩，或者按摩。一切都是工作，都是愉悅，都是痛苦。每次努力都將可能性的原子推進大氣。

蔡明亮用攝影創作，但他也使用舞台，藝廊空間，虛擬3D環境。任何身體可以移動之的空間，可以移動和變形之處。

身體是蔡明亮作品的一個元素。身體與其他所有的物質站立（或倒下），是物理的元素：混凝土、風、泥土、玻璃。而且，最重要的是，水。

在蔡明亮的作品裡，水不斷流動。從天而降，從身體排出，困在桶子裡，或水族箱，或河流。是自然，人性和政治加在一起的元素。可釋放你，滌淨你，或畢生影響你。演員哭出的淚也是身體的分泌與反射。可以承載你和床墊漂浮在其上的水，在最美麗的夢境裡，也是朝向死亡的漂流。

還記得瑪麗蓮・夢露在奧圖・普里明傑 Otto Preminger 拍的西部片裡唱的那首歌嗎？愛是個旅人 / 漂泊在不回頭河上 / 終將永遠迷失在暴風海面上

如同夢露，蔡明亮是個詩人。

So many satellites, off their course—or stuck, too stuck, in the same groove.

But destinies and directions are not fixed in Tsai. The walker will keep on walking, now in one city or landscape, and now in another. There will always be motion, even if it's so slow that it's hardly perceptible.

Meanwhile, the world around the walker will be seen anew, askance: in reflections, at unusual angles, in spaces that are mind-bending composites of one thing and another.

Tsai's work sometimes leans more to performance art than narrative cinema. Physical gesture becomes ritual; and any movement resembles a gauntlet. To carry a watermelon. To crawl along the floor like an insect. To sing a song, strike a pose, or do a dance. To bend, to strain muscles, to piss, to wait idly on a bench, to get or to give a massage. It's all work, all pleasure, all pain. Every exertion pushes atoms of possibility out into the atmosphere.

Tsai works with filmed images, but he also uses stages, gallery spaces, virtual 3D environments. Anywhere that a body can move, where it can be displaced and transformed.

The body is an element in Tsai. It stands (or falls) on par with all the other material, physical elements: concrete, wind, dirt, glass. And, above all else, water.

The water flows, it never stops flowing in Tsai. It falls from the sky, it expulses from the body, it is corralled in barrels and aquarium boxes and rivers. It's nature, humanity and politics all in the one element. It can free you, wash you clean, or it can infect you for life. The tears that characters cry are also bodily secretions, reflexes. The water that you and your mattress can float away on, in the loveliest of all dreams, is also a drift unto death.

What was it that Marilyn Monroe sang in an Otto Preminger western? *Love is a traveller on the river of no return / Swept on forever to be lost in the stormy sea.*

Like Marilyn, Tsai is a poet.

을 괴롭히고, 소변을 보고, 멍하니 벤치에서 대기를 타고, 마사지를 받거나 마사지를 하는 등. 이 모두가 노동이자 쾌락이자 고역이다. 모든 노역은 가능성이라는 원자를 대기 중으로 쏘아 댄다.

차이밍량은 촬영된 이미지로 작업하지만, 무대, 갤러리 공간, 3D 가상 배경도 사용한다. 몸이 움직일 수 있고, 이동할 수 있고, 추방당하고 찌그러뜨려질 수 있는 공간이라면 장소를 가리지 않는다.

차이밍량의 작품에서 몸은 일종의 요소이다. 몸은 다른 모든 물질, 물리적 요소와 동등한 존재로 취급된다(내지는 전락한다). 콘크리트, 바람, 흙, 유리 등과도 진배없다. 그리고 그 무엇보다도 물과도 매한가지다.

물은 흐른다, 차이밍량의 작품 속 물은 절대 쉬지 않고 계속 흐른다. 하늘에서 떨어지고, 몸에서 배출되고, 대형 물통, 수족관 수조, 또 강을 가득 채운다. 물은 자연, 인류, 정치를 모두 한 데 담고 있는 요소이다. 물은 인간을 자유롭게도 하고, 깨끗이 씻어 내기도 하지만, 죽을병에 걸리게도 할 수 있다. 인물들이 흘리는 눈물 역시 인체의 분비물이자 반사 작용이다. 그 어떤 꿈보다 아름다운 꿈속에서 당신과 당신의 매트리스를 물 위에 둥실 띄워 옮겨 놓은 그 물 또한 죽음에 맞닿는 물길이었다.

마릴린 먼로가 오토 프레민저 감독의 서부극에서 불렀던 노래를 기억하는가?

'사랑은 돌아오지 않는 강 위의 여행자, 폭풍우가 몰아치는 바다에서 영원히 휩쓸려 길을 잃었네'

마릴린처럼, 차이밍량도 시인이다.

**2024년 2월 10일,
리스본에서
친애하는 밍량에게**

감독님도 강생도 잘 지내는지요. 도쿄국제영화제 기간이던 2022년 10월 31일 도쿄에서 만난 이후로 여태 만나지 못했네요. 제국 호텔 후문 앞에서 작별 인사를 나누었던 기억이 납니다. 제가 주앙 루이와 함께 머물렀던 호텔이었죠. 밤이었어요. 주앙 루이가 꼭 껴안은 우리를 흐리게 감싸던 가로등 불 아래에서 사진을 찍어주었습니다. 우리는 1967년에 허물어진 '1923 프랭크 로이드 라이트 호텔'의 잔재 속으로 들어가며, 감독님과 강생이 형광등 불빛을 가로지르며 도쿄의 밤 속으로 사라지는 모습을 바라봤습니다. 강생이 감독님의 '행자 연작' 속에서 공중 부양하듯 고통스럽게 천천히 발을 떼던 우리는 서로에게 미소 지었습니다. 도쿄에서의 마지막 밤, 우리는 며칠 뒤 파리 퐁피두센터에서 개최될 감독님의 회고전 개막식에서의 재회를 약속했지만, 안타깝게도 저는 지키지 못했습니다.

전주국제영화제의 문성경 씨로부터 감독님에게 연서를 써 달라는 부탁을 받았습니다. 감독님을 만나기 전부터 감독님의 영화를 정말 좋아했어요. 이 편지는 사실 러브레터와 다름없지요.

제가 어떻게 처음으로 감독님의 영화를 알게 되었는지 한 번도 얘기한 적이 없었던 것 같네요. 1997년이

朱奧·佩德洛·羅德利蓋斯

**里斯本,
2024年二月10號
親愛的明亮**

願你跟康生一切安好, 自從2022年10月31號東京影展後, 我們就沒見過面了。我記得我跟朱奧·胡João Rui下榻的東京帝國飯店後門外面跟你道別, 當時是晚上, João Rui在街燈下拍了一張我們的合照, 燈的光線讓照片裡我們的擁抱朦朧模糊。我們走進法蘭克·洛伊·萊特Frank Lloyd Wright於1923年蓋的飯店的殘骸, 那家飯店在1967年被拆除了, 我回頭看你跟康生穿過日光燈走進東京夜色, 飄浮著, 就好像康生在你的《行者》電影當中痛苦地飄浮著一樣, 我們互相微笑。

那東京的最後一晚, 我們談到幾天後在巴黎相見, 參加龐畢度中心為你舉辦的回顧展, 很可惜, 我沒能成行。

全州國際影展的成文請我寫一封情書給你。在我遇見你之前, 我就非常愛你的電影。這封信的的確確就是一封情書。

我想我沒有跟你說過, 我如何首次聽聞你的電影作品。1997年, 我和佩德羅·科斯塔Pedro Costa一起參加威尼斯影展, 他的電影《托嬰風暴Ossos》參加競賽單元, 我的第一部短片《生日快樂！Parabéns!》獲得了評審團的特別提及, 佩德羅跟我說有一位來自台灣的電影人, 我一定要看看他的作品。那年年初, 你才在柏林影展以《河

João Pedro
Rodrigues

**LISBON,
FEBRUARY 10TH 2024
DEAR MING-LIANG**

I hope you and Kang-Sheng are doing well. We haven't seen each other since October 31st 2022 in Tokyo, during Tokyo International Film Festival. I remember saying goodbye outside the back entrance of the Imperial Hotel, where I was staying with João Rui. It was night time. João Rui took us a picture under a street light which hazed our embrace. We entered what's left of the 1923 Frank Lloyd-Wright's hotel, demolished in 1967, and looked back at you and Kang-Sheng traversing the fluorescent light into the Tokyo night; levitating away, the way Kang-Sheng painfully levitates throughout your Walker films, we smiled to each other. That last night in Tokyo we talked of meeting in Paris for the opening of your retrospective some days later at the Pompidou Center but, unfortunately, I couldn't make it.

I was asked to write you a love letter by Sung Moon from Jeonju International Film Festival. I loved your films much before I met you. This letter cannot indeed be anything other than a love one.

I think I have never told you how I first heard about your films. It was in 1997. I was with Pedro Costa at the Venice Film Festival—he had his film *Ossos* (1997) in Competition, my first short film *Parabéns!* (1997) received a Special Mention from the jury—and Pedro told me about a filmmaker from Taiwan whose work I should absolutely see. Earlier that year you had won the

었어요. 베니스영화제에 페드로 코스타와 함께 참석했어요. 당시 페드로의 영화 〈뼈〉(1997)가 경쟁 부문에 초청되었고, 제 첫 단편 영화 〈해피 버스데이〉(1997)가 심사위원 특별언급상을 받았죠. 페드로는 제게 대만 출신 영화감독이 있는데, 그 감독의 작품을 꼭 보라고 하더군요. 그해 초, 감독님은 〈하류〉(1997)로 베를린국제영화제에서 은곰상을 수상했었죠. 〈하류〉 비디오테이프를 어떻게 구했는지는 기억나지 않지만, TV 화면을 통해 감독님의 작품을 처음 보았습니다.

당시에 받은 엄청난 지적, 정신적, 신체적 충격을 여전히 기억합니다. 아주 먼 어떤 곳, 지구 반대편에 일종의 영혼의 쌍둥이를 찾은 기분이었죠. 영화의 첫 장면이 시작될 때부터 묘한 동질감을 즉각적으로 느꼈습니다. 영화의 도입부는 아름답게 연출된 각도와 미장센의 리듬감이 돋보였죠. 에스컬레이터에서 오랜 친구(또는 지인), 이강생과 천샹치가 우연히 만납니다. 하지만 강생이 허안화의 부탁으로 어둡고 더러운 강물에서 죽은 연기를 한 후에 몸을 닦는 호텔 화장실 장면 덕분에 모든 것이 분명해졌습니다. 그는 양치질을 하면서 샤워를 하는 중이었어요. 반투명의 샤워실 유리 너머로 벌거벗은 몸이 보였고, 욕실 거울로 그의 머리와 몸통이 일부 반사되어 비쳤죠. 이강생은 무심코 위를 올려다보고, 그의 눈에 더러워진 피부가 들어오고, (강에서 묻은 흙 때문이라고 짐작할 법도 하지만, 촬영한 거리 때문인지 화면상으론 피부가 딱히 지저분해 보이지 않습니다.) 그는 양치질하던 칫솔로 몸에 묻은 더러운 것들을 닦아 냅니다, 우선 허리춤, 이어서 손, 팔, 팔꿈치, 겨드랑이, 어깨, 등허리, 젖꼭지, 조그맣기 그지없는 칫솔이 마치 몸을 닦기에 퍽 이상적인 도구인 듯 말이

流》贏得銀熊獎。我想不起來我是如何取得《河流》的 VHS錄影帶，但我是在電視機上第一次看到你的作品。

我記得當我發現在很遠的他方，竟然有人跟我有孿生的靈魂，我的理智與身體都為之深深震動。打從《河流》的開頭，我就感受到奇妙的連結，電影開場鏡頭場面調度的出色編排與節奏，在手扶電梯上，李康生與陳湘琪飾演的兩個老友偶遇。但一直到飯店浴室的那場戲，在康生為許鞍華在髒污河水裡扮演屍體之後盥洗自己，對我來說一切才豁然開朗。他邊淋浴邊刷牙，我們透過半透明的浴室玻璃看到他的裸身，他的頭顱與上半身某些部分映照在浴室鏡子裡。他若無其事朝上看，他的凝視遇到了他污穢的皮膚（我們猜想那是河流的髒污，雖然說，以你拍攝他的距離，他的皮膚其實看起來不髒），接下來，用同一把牙刷，他刷去了身上的污垢，首先是臀部，然後是手，手臂，手肘，腋下，肩膀，背部，乳頭，彷彿那小小的牙刷是刷洗身體的理想工具，至少是他手上確切擁有的工具。有種軟調滑稽的質地，同時，有種布列松的色慾距離，出乎意料地（並沒有帶著明顯的意圖）把異常的情境，導入了每日淋浴的平庸之中。此種姿態的荒誕與不協調，是你作品中的常數，彷彿這才是最符合邏輯和最自然的事，透過這道安靜的門，我進入了你電影中最根本的動盪法則。

我記得你當時在台北很忙，並沒有參加2012年坎城影展的影評人週閉幕放映活動。就在那裡，我們的孿生靈魂再度在查爾斯·泰松Charles Tesson跟他的團隊安排下相會了。我的短片《聖安東尼日早晨Morning of Saint Anthony's Day》和你的第一部《行者》同時播放;我的影片中登場人物的離心力能量，在黑漆漆的電影院當中，和康生的橘色和尚足跡的充滿耐心的空間幾何相遇。

Silver Bear at the Berlinale with *The River* (1997). I don't remember how did I get a VHS tape of *The River* but it was on a TV set that I first saw your work.

I remember the intellectual and physical emotional shock of feeling I had found a sort of twin soul living very far away, on the other side of the world. Since the very beginning of *The River*, I felt a strange connection—the beautifully choreographed geometry and tempo of the mise-en-scène of the shot that opens the film, on the escalators, when two old friends (acquaintances?), played by Lee Kang-Sheng and Chen Shiang-chyi, meet by chance. But it was the scene in the hotel bathroom, where Kang-Sheng, after playing dead for Ann Hui in the dark dirty river waters, cleans himself, that made everything clear for me. He is taking a shower while brushing his teeth, we see his naked body through the translucent shower glass, his head and torso partially reflected in the bathroom mirror. He is casually looking up, then his eyes meet his soiled skin (we imagine from the dirt of the river although, at the distance you film him, his skin doesn't look dirty) and, with the same toothbrush, he brushes off the dirt from his body, first the hip, then the hand, the arm, the elbow, the armpit, the shoulder, the back, the nipple, as if the tiny toothbrush was the ideal instrument for body scrubbing—at least it is the one he literally has at hand. There is a tender burlesque quality and, at the same time, a bressonian erotical distance that miraculously introduces (with no apparent shadow of meaning to do it) the extraordinary into the everyday banality of showering. The beauty of the absurdity and incongruency of that gesture, as if it was the most logical and natural thing to do, is a constant in all of your work and it was through this quiet door I entered the radical un-stabilizing rules of your cinema.

I remember you didn't attend the closing night screening of the 2012's Critics Week in Cannes, you were

죠. 실은 문자 그대로, 그의 손안에 있는 도구라고는 첫 솔밖에 없었지만 말이에요. 조금 익살스러우면서도 로베르 브레송적 의미의 에로틱한 거리감이 느껴져서, 샤워라는 진부한 일상에 비범함을 기적적으로 그려낸 (한편, 그러한 의도를 공공연히 드러내지는 않는) 장면이었어요. 가장 논리적이고 자연스러운 것처럼 느껴지는 행위의 부조리와 부조화의 미학은 감독님의 모든 작품 속에서 늘 변함없이 나타납니다. 저는 이 고요한 문을 통해 감독님 영화의 급진적이면서도 불안정한 규칙 속으로 빠져들었습니다.

2012년, 대만에서의 바쁜 일정으로 감독님께서 참석하시지 못한 칸영화제 비평가주간 폐막 상영 때를 기억합니다. 그곳에서 또 한 차례, 샤를 테송과 그의 팀의 손길 덕분에 우리의 똑 닮은 영혼이 마법처럼 만나게 되었습니다. 그날, 나의 단편 〈성 안토니오 날의 아침〉(2012)과 감독님의 〈행자〉(2012)가 함께 상영되었죠. 어두운 상영관에서, 제 영화 속 인물들의 원심력이 강생의 주황색 승복의 궤적이 만들어 낸 인내의 형상과 만났습니다.

이전에도 우리의 영화가 어두운 상영관에서 만난 적이 있다는 사실을 감독님은 모를 겁니다. 2007년 9월 13일, 저와 주앙 루이의 단편 〈차이나, 차이나〉(2007)와 감독님의 〈흔들리는 구름〉(2005)이 포르투갈 영화관에서 동시에 개봉되었죠.

저는 우리가 처음 얼굴을 마주한 날을 기억합니다. 2005년 7월, 포르투갈 빌라도콘드에서 열린 쿠르타스 국제단편영화제 기간이었어요. 저는 감독님을 소개해 준 우리의 소중한 친구 토니 레인즈와 함께 심사위원으로 참석했습니다. 당시 감독님을 만날 때 많이 긴장했고

我確信你不知道我們的作品曾經相會，場地也是在黑漆漆的電影院裡：2007年9月13日，我和朱奧‧胡João Rui合作的短片《中國，中國China, China》和你的《天邊一朵雲》同時在葡萄牙上院線。

我記得我們第一次見面，當時是2005年7月，在葡萄牙北邊孔德鎮的庫爾塔斯Curtas國際短片影展，我和我們親愛的朋友萊恩‧雷恩斯Ryan Rayns一起當評審，就是他介紹我們認識。我好緊張，遇見你讓我感到很害羞，我記得晚上都在你的房間跟你聊天，我送了一片我首部電影《暗夜魅惑》O Fantasma的DVD給你。兩個月後，你寄給我一封美好的信，在當時，那封信對我來說非常重要，幫助我相信自己的作品。我今天重讀你的信：「我看到的影像非常寂寞，但很性感，非常趨近我內心的狀態。」這就是我當初看《河流》的感覺，就跟你對我電影的評語一樣，至今在我耳邊迴盪。

接下來幾個月，我們時常通電話，我們交換食譜，你寄裝滿台灣美食的包裹給我。說來有趣，為了回報，就在我寫這封信給你的18年前，我寄給你裝滿葡萄牙美食的包裹。「一個小小的愛的包裹」，就跟我的朋友加斯頓‧索爾尼基Gastón Solnicki上部電影的片名一樣。

里斯本，2006年二月10號
親愛的明亮

很開心你寄來一籃東方美食，為了回報，我決定也回寄一籃。我選的都是道地的葡萄牙產品，依然量產，商店裡也買得到，但因為全球化還有美國品牌的激烈競爭，這些東西越來越難找到。其中有些名產從1940年代就沒改過包裝設計，我個人最愛的是50年代的那些包裝。

busy in Taipei. There, again, our twin souls magically met by the hands of Charles Tesson and his team. My short film *Morning of Saint Anthony's Day* (2012) screened together with your film Walker; the centrifuge energy of my characters met in the dark of the cinema the patient geometry of Kang-Sheng's orange monk trajectories.

And I'm sure you don't know that our work had met previously, also in the dark of the cinema: on September 13th 2007, mine and João Rui's short *China, China* (2007) was released together in the Portuguese cinemas with your *The Wayward Cloud* (2005).

I remember the first time we met in person. It was in July 2005, in Vila do Conde, in the North of Portugal, during Curtas International Short Film Festival. I was in the jury with our dear friend Tony Rayns, who did the introductions. I was very nervous and a bit shy of meeting you and I remember spending a big part of the night talking with you in your room. I gave you a DVD of my first film *O Fantasma* (2000). Two months later, you sent me a beautiful letter that, at the time, was very important to me and helped me trust in my own work. I read again your words today: "the picture I saw was extremely lonely but still very sexy, and it was also very alike the condition inside of me". What I had felt watching *The River* resounded and still resounds with your own words about my film.

We wrote to each other and telephoned regularly during the following months. We exchanged recipes. You sent me a parcel with Taiwanese goodies. In return, and funnily enough, exactly 18 years before writing you this letter, I sent you a parcel with Portuguese ones. "A little love package", as the title of my friend Gastón Solnicki's last film:

Lisbon, February 10th 2006
Dear Ming-Liang,
I was so happy to get you basket of oriental goodies that

부끄러웠지만, 그날 밤 감독님의 방에서 나눴던 오랜 시간의 대화를 기억합니다. 그때 제 첫 영화 〈유령〉(2000)의 DVD를 드렸었죠. 두 달 후, 감독님이 보내 주셨던 아름다운 편지는 당시 제가 제 영화에 대한 믿음을 가질 수 있도록 도와준 소중한 편지였습니다. 오늘 또 한 번 편지 속 글귀를 읽어 보네요. "내가 본 영화는 지극히도 외로 웠으나 그럼에도 매우 관능적이었고, 또한 나의 내면 상태와 무척 닮아 있었습니다." 〈하류〉를 보면서 제가 느꼈던 감정이 되살아났고, 지금도 여전히 제 영화에 대한 감독님의 말과 함께 울려 퍼지고 있습니다.

　　우리는 그 이후로 서로에게 편지를 쓰고, 정기적으로 전화를 주고 받았습니다. 요리법도 공유했고요. 감독님은 제게 대만의 맛있는 먹거리를 소포로 보내 주기도 했습니다. 그 답례로, 그리고 참 재미있게도, 이 편지를 쓰기 정확히 18년 전에, 포르투갈 먹거리를 소포로 감독님에게 보내 드렸죠. 저의 벗 가스통 솔니키의 최근 영화 제목과도 같은 '작은 사랑의 패키지'를 말이죠.

2006년 2월 10일, 리스본에서
친애하는 밍량에게

감독님이 동양의 맛 좋은 먹거리들을 한 아름 보내 주신 게 너무 감사해서, 그에 대한 보답으로 저도 하나 보내 드리려고 해요.

　　제가 고른 것들은 모두 정통 포르투갈 제품으로, 지금도 생산되고 있고 가게에서 살 수 있지만 세계화와 미국 브랜드와의 치열한 경쟁 때문에 점점 더 찾아보기 힘들어지고 있어요. 어떤 것들은 1940년대 이후로 포장이 전혀 바뀌지 않았고, 제가 제일 아끼는 것들은 50년대부터 나온 것들이에요.

希望你喜歡這些東西，為你搜尋這些名產，讓我非常開心。要是有時你不喜歡某種口味，我相信你還是會喜歡它們精美的產品設計。這就是我稱之為「來自葡萄牙的問候」的籃子。

來自葡萄牙的問候
（基本說明：內容物還有使用說明）魚罐頭：（只需打開，搭配新鮮生菜沙拉或者麵包）
— TRICANA：葡萄牙沙丁魚佐醃菜
— TRICANA：葡萄牙沙丁魚佐番茄醬
— TRICANA：橄欖油小沙丁魚 TRICANA: 植物油辣鮪魚 MINOR：植物油鮪魚
— MINOR：植物油鯖魚
— CATITA：植物油鮪魚（黑色部位）
— POVEIRA：葡萄牙植物油沙丁魚
— TENORIO：橄欖油鮪魚
— BOM PESTICO：鹽水鮪魚
SALOIO：葡萄牙橄欖油（在罐頭上打個小洞，在煮好的鮮魚、馬鈴薯、蔬菜或者生菜沙拉上淋些許橄欖油，加一點醋或現榨檸檬汁。）
— CEVADA ESPECIAL MORENINHA：大麥（建議當作咖啡的替代品，無咖啡因，烹煮方式就跟泡咖啡一樣，或者配牛奶飲用。）
NACIONAL MARIA：傳統餅乾。
REGINA：傘狀巧克力。
PINHÕES：葡萄牙松子（我自己採的）。
甜食：
— REBUÇADOS S. XAVIER：聖澤維爾薄荷尤加利葉檸檬糖果。

I decided to send you one as well in return. All the stuff that I've selected are genuine Portuguese products still produced and available in shops but more and more difficult to find due to world globalization and strong competition of American brands. Some of them never changed packaging since the 1940's, and my favourite are the ones from the 50's. Hope you enjoy them as much as I've enjoyed looking them up for you. And if sometimes you don't like the taste, I'm sure you'll love their great design. So here it is, the basket I would like to call "Greetings from Portugal".

GREETINGS FROM PORTUGAL
(the basic instructions: what it is and what to do with it)
FISH CANS:
(just open and have them with a fresh salad or some bread)
— TRICANA: Portuguese sardines with pickles.
— TRICANA: Portuguese sardines in tomato sauce.
— TRICANA: Small sardines in olive oil.
— TRICANA: Spicy tuna fish in vegetable oil.
— MINOR: Tuna fish in vegetable oil.
— MINOR: Portuguese mackerel in vegetable oil.
— CATITA: Tuna fish (the black part) in vegetal oil.
— POVEIRA: Portuguese sardines in vegetable oil.
— TENORIO: Tuna fish in olive oil.
— BOM PETISCO: Tuna fish in brine.
SALOIO: Portuguese olive oil. (make a small hole in the can and pour some olive oil over boiled fresh fish, boiled potatoes and other vegetables or fresh salad. Add some vinegar or freshly squeezed lemon).
— CEVADA ESPECIAL MORENINHA: Barley.

감독님께 보낼 물건을 찾으러 다니며 즐거웠던 만큼 감독님도 즐거웠으면 좋겠네요. 입맛에 맞지 않을 수도 있겠지만 근사한 디자인은 아마 마음에 쏙 들 거예요. 자, '포르투갈에서 보내는 인사'라고 표현하고 싶은 꾸러미를 전합니다.

포르투갈에서 보내는 인사
(어떤 제품인지, 또 어떻게 활용하는지 간단히 소개합니다.)
생선 캔: (뚜껑을 열어서 신선한 샐러드 또는 빵에 곁들이면 좋아요.)
— 트리카나1: 피클이 들어 있는 포르투갈산 정어리 통조림
— 트리카나2: 토마토소스에 버무린 포르투갈산 정어리 통조림
— 트리카나3: 올리브 오일에 담긴 정어리
— 트리카나4: 식물성 오일에 담긴 매운 참치
— 미노르1: 식물성 오일에 담긴 참치
— 미노르2: 식물성 오일에 담긴 포르투갈산 고등어
— 캐티타: 식물성 오일에 담긴 참치(검은 부분)
— 포 베이라: 식물성 오일에 담긴 포르투갈산 정어리
— 테노리오: 올리브 오일에 담긴 참치
— 봄 페티스코: 소금물에 절인 참치
샐로이오: 포르투갈 올리브 오일 (캔에 작은 구멍을 뚫어서 신선한 생선찜, 삶은 감자, 찐 채소, 신선한 샐러드 위에 올리브 오일을 부어 드세요. 식초나 직접 짠 레몬즙을 곁들여도 좋아요.)

— DR. BAYARD：蜂蜜佐藥草糖漿喉糖。（正如廣告上所說：「不用再受苦了，當DR. BAYARD喉糖來臨，咳嗽就會退散。」）。
工藝品：
— PANDEIRETA：印有鬥牛場面的玩具鼓。（鬥牛在葡萄牙很盛行，鬥牛士（男性）身穿華美而緊身的服裝）。
— GALO DE BARCELOS：葡萄牙國家象徵。（閱讀相關內容）
— CARALHO DAS CALDAS：來自卡爾達斯·達·賴尼亞（Caldas da Rainha）的陽具。（卡爾達斯·達·賴尼亞是葡萄牙中部小鎮，擁有古老的情色陶瓷傳統。來自卡爾達斯的陽具就是代表典範）。

我記得…很久以前我讀了一本解夢的書。書上寫說，假如女生夢見小船或大船，她將會停靠在安全的港灣，但假如她夢見水仙花，她就會面臨極大危險。
但此刻我不想考慮危險，今天是我的大喜之日！
這是弗里茲·朗Fritz Lang1948年《門後的秘密Secret Beyond the Door》中瓊·本內特Joan Bennett的開場獨白，這部電影我看了很多很多遍，這次是和朱奧·胡João Rui一起看，而且搭配一杯你們包裝精美的「蔡李陸」手工咖啡（不管你信不信，我們可是把外包裝留得好好的）。
這就像看你的作品一樣：在水域中導航，試圖抵達安全但陌生的港口，過程總有一絲絲幽默的滑稽歌舞風格。
獻上滿滿的愛

朱奧·佩德洛·羅德利蓋斯João Pedro敬上

(recommended as a substitute for coffee, without caffeine. Prepare it the same way as coffee or drink it with milk).
NACIONAL MARIA: Tradicional cookies.
REGINA: Chocolate umbrellas.
PINHÕES: Portuguese pine nuts (I picked them myself).
SWEETS:
— REBUÇADOS S. XAVIER: Saint Xavier menthol-eucaliptus lemon sweets.
— DR. BAYARD: Honey with syrup of medicinal herbs sweets. (as they say: "Don't suffer any more, when Dr. Bayard sweets arrive, the cough goes away").
ARTS & CRAFTS:
— PANDEIRETA: Toy drum with bullfight scene. (bullfights are big in Portugal and the toureiros (the men) have beautifull and tight outfits).
— GALO DE BARCELOS: National symbol of Portugal. (read about it)
— CARALHO DAS CALDAS: Cock from Caldas da Rainha. (Caldas da Rainha is a small town in the centre of Portugal with an ancient tradition in erotic ceramics. The cock from Caldas is one of its fine examples).

"I remember... long ago I read a book that told the meaning of dreams. It said that if a girl dreams of a boat or a ship, she will reach a safe harbor, but if she dreams of daffodils, she is in great danger.
But this is no time for me to think of danger, this is my wedding day!"
This is the opening monologue by Joan Bennett in Fritz Lang's 1948 *Secret Beyond the Door*, a film I watch many many times, this time drinking a cup of your

— 세바다 에스페시알 모레니냐: 보리 (커피 대
용으로 추천, 카페인이 없습니다. 커피와 같
은 방식으로 만들거나 우유와 함께 마시면
됩니다.)
나시오날 메리아: 전통 쿠키
레지나: 초콜릿 우산
핀뇨인치: 포르투갈산 잣(내가 직접 딴 거예요.)
사탕:

— 헤부사도스 산 세비에르: 성 세비에르 멘톨-
유칼립투스 레몬 사탕

— 독토르 바이야르: 약용 허브 시럽과 꿀로 만
든 사탕 (포장지에 이렇게 쓰여 있어요. "더
이상 고통 받지 말아요. 독토르 바이야드 사
탕이 도착하면, 기침이 사라집니다.")

공예품:

— 판데이레타: 투우 그림이 있는 장난감 드럼 (포
르투갈에서 투우는 인기가 많고, 투레이로스
(투우사)는 아름답고 꽉 끼는 옷을 입는답니다.)

— 갈로 드 바르셀로스: 포르투갈의 국가 상징
(찾아서 읽어 보세요.)

— 카라뇨 데시 칼다스: 칼다스다하이냐의 수탉
(칼다스다하이냐는 야한 도자기를 만드는 고
대 전통을 간직한 포르투갈 중부의 작은 마
을이에요. 칼다스의 수탉이 좋은 예시죠.)

"오래전에 꿈풀이를 해 주는 책을 읽은 적이 있어
요. 그 책에는, 여자가 보트나 큰 배를 타는 꿈을 꾸면 안
전한 항구에 도착하겠지만, 수선화 꿈을 꾸면, 엄청난
위험이 닥칠 거란 얘기가 있었죠.

beautifully packaged "Tsai Lee Lu" hand-picked coffee
with João Rui (we keep the empty packages, believe it
or not).

It's like seeing your work: there's always a dash of
humorous burlesque panache while navigating its wa-
ters, trying to reach a safe but ever stranger harbor
Lots of love!

Yours truly,
João Pedro

하지만 지금은 위험을 생각할 때가 아니에요. 오늘은 내 결혼식이잖아요!"

제가 수없이 봤던 1948년 프리츠 랑의 작품 〈비밀의 문〉에 나오는 조앤 베넷의 첫 독백 장면이에요. 이번에는 감독님이 직접 골라 보내 주신, 아름답게 포장된 '차이 리 루Tsai Lee Lu'의 커피를 한 잔 마시면서 주앙 루이와 함께 보았죠. (믿거나 말거나, 우리는 다 먹은 커피 포장지를 아직 간직하고 있답니다.)

꼭 감독님 영화를 보는 것 같아요. 안전하지만 낯설기 그지없는 항구에 닿고자 바다를 항해하는, 항상 재미난 해학을 싣고 위풍당당함 한 모금도 함께 하는 여정.

사랑과 진심을 담아
주앙 페드로

Dear João pedro

Cooking Steps :

1. A mark-cup of rice (for 2 people ?).
   Put into the boil-pot and wash for 3 times,
   no need to rub hard.

2. Add 1 and 1/5 mark-cup water into the
   washed rice. Cook with strong fire,
   add 2 drops of olive oil, till it boiled.
   Then turn the fire small, stir for a bit,
   put the lid on, leave the fire as small as
   possible for 10 min.

3. After 10 min, turn off the fire, still the
   lid on, leave it for another 10 min with
   the lid on it.

Because you cook by the gas, you must be careful
with the fire and time limit. in case it burned.
Do not stay too far from the pot.

I also send you the cooked meat in the sealed-bag,
you can put the meat cover the rice and eat
together.
ok you can go and try now.   I miss you

蔡明亮 Taipei
2005 7 23

차이밍량으로부터 온 흐릿해진 팩스

來自蔡明亮的模糊傳真

A FADING FAX FROM TSAI MING-LIANG

1992년 로카르노영화제에서 내 데뷔작 〈라파도〉(1992)를 배급해 준 일서 휘환Ilse Hughan과 릭스 하더스Rieks Hadders가 얼마 전에 젊은이들, 오토바이, 비디오 게임 등 내 영화와 공통점이 많은 대만 영화를 봐서 놀랐다고 했다. 신기했지만 당시 시대정신 때문이었겠거늘 생각했다.

몇 년 후 레오폴도 루고네스 영화관에서 대만 영화 기획전이 열려 금요일 밤에 차이밍량 감독의 〈청소년 나타〉(1992)를 관람했다. 그 당시에는 일서와 릭스가 해줬던 말을 잊고 있었는데 상영 후 몇 분이 채 지나지 않아 나는 그들이 말했던 영화가 바로 이 영화라는 것을 깨달았다. 젊은이들, 오토바이, 비디오 게임뿐만이 아니라 톤 자체도 너무나 익숙했다. 금, 토, 일요일에 그 영화를 상영했기에 나는 두 번째 관람을 위해 일요일 오후에 영화관으로 발걸음을 향했다.

그로부터 몇 년 후, 1회 부에노스아이레스국제독립영화제(BAFICI)에서 차이밍량 감독을 만났다. 차이밍량 감독은 회고전으로 영화제를 방문했고, 내 두 번째 영화 〈실비아 프리에토〉(1999)는 폐막작으로 초청받았다. 우리는 여러 번 만났지만 감독님은 영어를 거의 하지 못했고 나는 대만어를 하지 못하기 때문에 우리는 원시적인 방법으로 소통할 수밖에 없었다. 어느 밤

在1992年盧卡諾影展Locarno Film Festival，我第一部電影Rapado的發行商伊爾斯-哈根Ilse Hughan和里克斯-哈德斯Rieks Hadders，告訴我他們最近看了一部台灣電影，感到非常驚訝，因為他們發現那部電影與我的電影有很多共同之處：年輕人、摩托車、電動遊戲。聽他們這樣說，讓我覺得有點好奇，心裡想這可能就是時代的氣息吧。

幾年後，布宜諾斯艾利斯的盧戈內斯影廳Sala Lugones舉辦了台灣電影展。一個週五晚上，我在那裡觀看了蔡明亮導演的《青少年哪吒Rebels of the Neon God》。當時我已經忘了伊爾斯和里克斯的評論，但剛放映幾分鐘後，我就想起來了，毫無疑問，這就是我先前聽他們說過的電影，裡面不單是年輕人、摩托車和電動遊戲，就連影片的基調都有些熟悉。當時這部電影在周五、六、日上映，於是周日下午我又去電影院看了第二遍。

幾年後，我在第一屆布宜諾斯艾利斯国际獨立影展BAFICI上认识了蔡導演。他以嘉賓的身份受邀前來放映他自己作品的回顧展；而我的第二部電影《Silvia Prieto》則是該屆影展的閉幕影片。

後來我們見過幾次面，但由於他幾乎不會說英

In 1992, at the Locarno Film Festival, Ilse Hughan and Rieks Hadders, the distributors of my first film *Rapado* (1992), told me that they were very surprised as they had recently watched a Taiwanese film that had a lot in common with mine: Young people, motorcycles, video games. It seemed like an interesting fact, and I thought it was surely the spirit of the times.

A few years later, Leopoldo Lugones Theater in Buenos Aires organized a Taiwanese film series. There, one Friday night, I saw *Rebels of the Neon God* (1992) by Tsai Ming-Liang. At that point, I had forgotten Ilse and Rieks' comment, but I remembered it only a few minutes into the screening and I had no doubt that this was the film they had told me about. It wasn't just young people, motorcycles, and video games. There was something in the tone that seemed familiar. They screened the film on Friday, Saturday, and Sunday, so on Sunday afternoon, I went back to the theater to watch it for a second time.

Later on, in 1999 I met Tsai at the first Buenos Aires International Festival of Independent Cinema (BAFICI). He came as a guest with a retrospective; my second film, *Silvia Prieto* (1999), was the closing film.

We saw each other several times, but since his English was almost non-existent and I don't speak Taiwanese, we communicated in a very rudimentary

은 영화제 주최의 공식 만찬에서 우리 둘을 나란히 앉혔다. '떼 마따레 라미레즈Te mataré Ramirez'(22)라는 처음 음식점aphrodisiac food restaurant(23)에서였다. 저녁 식사에는 에로틱한 라이브쇼가 포함되어 있었다. 어느 순간 흰옷을 입은 여자 두 명과 남자 한 명이 움직이는 스포트라이트를 받으며 무대에 나타났다. 서로 양동이로 물을 뿌리고, 옷이 젖어 속이 비치기도 하고 도발적인 상황도 있었다. 우리는 자연스럽게 식사를 이어갔고 아무도 쇼에 대해 언급하지 않았다. 마치 아무런 일도 없었다는 듯이.

그 영화제에서 내 친구 제시카 수아레즈는 차이밍량 감독의 모든 영화의 주인공인 이강생과 떼려야 뗄 수 없는 친구가 되었다. 비록 그는 영어를, 그녀는 대만어를 한마디도 하지 못했음에도 말이다. 그해 부에노스아이레스국제독립영화제 기간 나는 차이밍량 감독이 그 시점까지 만들었던 모든 작품을 어떤 영화들은 처음으로, 어떤 영화들은 다시 보았다. 영화제가 끝날 무렵 차이밍량 감독은 대화가 많고 영어 자막만이 제공되던 〈실비아 프리에토〉를 관람했는데 그가 무엇을 이해했을지 궁금했다.

우리가 작별 인사를 나눌 때 차이밍량은 본인 영화 〈구멍〉(1998)의 OST가 담긴 CD를 선물해 주었다. 그리고 얼마 후, 그로부터 다음과 같은 팩스를 받았다.

---

(22) 역자 주: '널 죽일 거야, 라미레즈'.
(23) 편집자 주: 먹으면 흥분이 되고 성욕을 불러일으키는 음식을 제공하는 일종의 테마 음식점.

語, 而我又不會說國語, 所以我們的交流十分有限。有一次, 在布宜諾影展的官方宴會上, 我們在一家名為 Te mataré Ramirez 的情色餐廳相鄰而坐, 晚宴還安排現場情色表演:兩個女孩和一個男孩穿著白衣, 在燈光的效應下, 在舞台上一覽無遺。他們用水桶互相潑水, 衣服被打濕, 呈現直白又挑逗的情境, 客人保持自然地用餐, 沒有人提及演出, 大家都裝作若無其事。

在那次影展, 我的朋友傑西卡-蘇亞雷斯Jésica Suarez與蔡導演電影的主演李康生成了形影不離的朋友, 儘管李康生一句英語也不會說, 而傑西卡她也不會說國語。在BAFICI 期間, 我重溫了蔡導演在電影展前拍攝的所有電影。那次影展結束時, 蔡導演去看了《Silvia Prieto》, 這部電影有很多對白, 而且只有英文字幕。我有點納悶他到底看懂了什麼。相互道別時, 蔡導演送我一張他執導的《洞》的原聲CD, 過了一陣子, 他又發給我一份傳真, 我將其轉錄如下。

Martín Rejtman,
我很期待看到你的新電影。我喜歡你的風格, 覺得你拍的電影非常有趣。
特別感動我的是, 你在完成一部電影之後構思的時間。這真是重大的啟示!你的耐心跟努力讓我感動, 這一定會有回報。
希望能在不久的將來見到你。
我此刻的聯絡方式是:
　　(電話/傳真)。但我在5月30號會搬家, 在另行通知之前, 請寫信給我。
來自
蔡明亮

---

way. One night, they sat us next to each other at an official dinner organized by the festival at an aphrodisiac food restaurant called "Te mataré Ramirez" (translation: I will kill you Ramirez). The dinner included a live erotic show: at one point, two girls and a boy dressed in white appeared on a stage, illuminated by a moving spotlight. They threw water on each other with a bucket, their clothes got wet, and there were transparencies and provocative situations. The guests continued eating naturally–no one mentioned the show, and we all pretended that nothing was happening.

At that festival, my friend Jésica Suarez became inseparable friends with Lee Kang-Sheng, the protagonist of all of Tsai's films, even though he didn't speak a word of English and she didn't speak Taiwanese. During that BAFICI, I watched or rewatched all the films Tsai had made up to that point. At the end of the festival, Tsai went to see *Silvia Prieto*, which had a lot of dialogue and was subtitled only in English. I wondered what he would understand out of that.

When we said goodbye, Tsai gave me a CD with the soundtrack of his film *The Hole* (1998), Sometime later he sent me a fax, which I have transcribed here below.

Martín Rejtman,
I am eager to watch your new film. I like your style and think The film you made is very interesting. Particularly touched by the Time you constructed upon completing one feature.
This is such a revelation! I was so touched by your patience and hard work ; It surely does pay off.
Hope to see you near future soon.
My contact now is *** tel / fax. But will be moving on the 30th May. Until further notice, please write to me.
From Tsai Ming-Liang

마르틴 레흐만,
당신의 신작을 고대하고 있습니다. 당신의 스타일이 마음에 들고 만든 작품이 매우 흥미로워요. 특히 장편 하나를 완성하기까지 보낸 시간에 감동받았습니다. 계시와도 같았어요!
감독님의 인내와 노고에도 감동받았고 좋은 결과로 이어지리라 믿습니다.
조만간 뵐 수 있었으면 좋겠네요.
제 전화번호/팩스 번호는 ***입니다. 5월 30일에 이사 갈 예정이니 추후 안내해 드리기 전까지 답장 부탁드립니다.
차이밍량

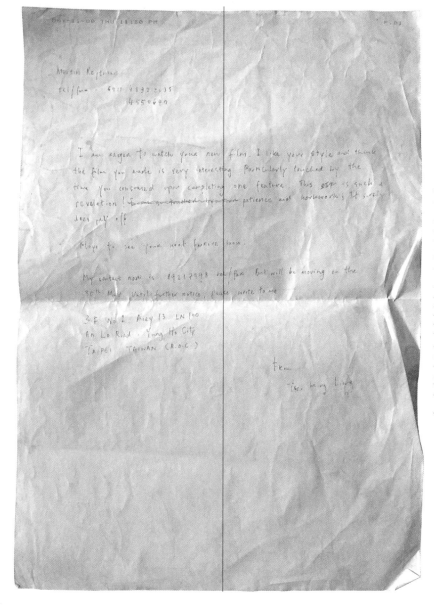

세상을 품는 용기

2013년 가을, 나는 국립아시아문화전당 예술극장의 개막 페스티벌에서 선보일 작품 중 하나를 아피찻퐁 위라세타쿤에게 의뢰하고자 태국 치앙마이를 방문했다. 내 제안을 들은 아피찻퐁은 본인은 평소 '연극'에 큰 관심이 없을 뿐 아니라 공연 작품을 만든 경험도 없기에 자신이 없다며 우아하게 거절했다. 그대로 포기할 수 없었던 나는 통념적인 연극을 요청하러 온 것이 아님을 설득하고자 개막작으로 선보일 차이밍량의 퍼포먼스「당나라 승려」를 언급했다. 차이밍량의 이름을 듣자, 아피찻퐁의 눈빛이 반짝였다. 자신의 신작에 관한 이야기는 접어둔 채 개막 페스티벌에서 차이밍량을 만나고, 그의 작품을 직접 볼 수 있다는 사실에 더 큰 관심을 보이며 기뻐했다. 분위기는 전환되어 '아피찻퐁의 첫 공연작'에 대한 논의가 시작되었고 개막 페스티벌에서 꼭 차이밍량과 자리를 마련하자는 약속과 함께 서울로 돌아왔다.

그로부터 2년 후, 국립아시아문화전당 예술극장의 개막 페스티벌을 위해 예술가들이 광주를 방문하기 시작했다. 나는 모든 일을 제쳐두고 차이밍량과 아피찻퐁이 함께 만나는 자리를 마련했다. 한 소박한 식당이었다. 그 자리에서 아피찻퐁은 다른 아시아 감독들도 그렇겠지만 자신 또한 차이밍량으로부터 큰 영감을 받

擁懷世界的勇氣

2013年秋天，為了在國立亞洲文化殿堂藝術劇院的開幕慶典中推出的一個作品，我前往泰國清邁，拜訪了阿比查邦·韋拉斯塔古Apichatpong Weerasethakul導演。聽到我的提案後，阿比查邦優雅地拒絕說他平時對話劇沒有太大的興趣，而且沒有製作演出作品的經驗，所以沒有自信。我覺得不能就此放棄，於是解釋說自己不是來邀請製作傳統概念上的話劇，並提到開幕作品中即將推出的蔡明亮的《玄奘》。聽到蔡明亮的名字，阿比查邦的眼神頓時閃爍不已。他放下對自己新作的關注，反而對於能夠在開幕慶典上見到蔡明亮，並對於能夠親眼看到他的作品表現出更大的關心。氣氛發生了變化，我們開始討論『阿比查邦的首場演出作品』，並和他約好一定要在開幕慶典時，和蔡明亮一起出席，然後我回到了首爾。

兩年後，為了參加國立亞洲文化殿堂藝術劇場的開幕慶典，藝術家們開始到光州進行訪問。我把所有的事情都放在一邊，安排了蔡明亮和阿比查邦見面的場合。那是在一家簡樸的餐廳，阿比查邦特別感謝蔡明亮，說他本人以及其他亞洲導演都受到蔡明亮極大的啓發。阿比查邦說，每次看到蔡明良的作品時，都會感到驚訝和尊敬，原因他自己始終只能在腦海裡想像，但絕對無法加以實現的東西，但蔡明良基於「勇

A VESSEL TO CONTAIN THE WORLD

In the fall of 2013, I visited the Thai city of Chiang Mai to ask the film director Apichatpong Weerasethakul to create a work for presentation at the opening festival of the ACC Theater. After hearing my proposal, the internationally celebrated filmmaker declined with the usual gracefulness, explaining that he did not have much interest let alone experience in theater to begin with and therefore had no confidence to produce a piece of work that would aesthetically match the level of the international event. As my last attempt to convince him otherwise, I told him that I did not come to ask him for a "theater" piece in the conventional sense. To this end, I mentioned Tsai Ming-Liang's performance *The Monk from Tang Dynasty*, which was to be presented as an opening piece in quite unconventional ways. Apichatpong's eyes lit up at my mentioning Tsai's name. Forgetting about any interest in producing something new of his own, he seemed much happier and more interested in the chance to meet Tsai at ACC and to view his work for himself. The mood shifted, and we finally began discussing in detail Apichatpong's first-ever performance-based work. After promising that he would have an opportunity to meet with Tsai during the opening festival, I headed back to Seoul.

Two years later, artists began arriving in Gwangju for the ACC Theater's opening festival. I set aside

앉음에 감사를 표했다. 아피찻퐁은 차이밍량의 작품을 볼 때마다 놀라움과 존경심을 갖게 되는데, 그 이유는 본인의 경우 머리로 상상하고 마음으로는 원하지만, 결코 현실로 실현할 수는 없는 것들을 언제나 끝까지 밀어붙이는 차이밍량의 '용기' 때문이라고 했다. 아피찻퐁이 감탄한 '용기'는 무엇을 의미하는 것일까?

국립아시아문화전당의 개막작으로 선보인 차이밍량의 「당나라 승려」는 7년 동안 고비사막을 걷는 수행 후 인도에서 불경을 가져온 7세기 당나라 승려 현장(삼장법사)의 여정을 다룬 작품이다. 차이밍량의 영화 '행자 연작'이 공연으로 확장된 이 작품은 이제 막 완공된 예술극장 대극장에서 선보였다. 그 극장은 마치 비행기 격납고 같은 특별한 형태로, 한쪽 벽면 전체가 유리 재질로 되어 개폐가 가능한 구조였다. 관객들이 이 공연을 위해 특별히 설치된 객석에 앉아 유리 벽 쪽의 텅 빈 무대를 바라보며 공연을 기다렸다. 무대 바깥 어딘가에서 '푸른 하늘 은하수' 노랫소리가 아득히 들려오더니, 잠시 후 4-6명의 무대 스태프가 무대로 걸어 나와 뒤쪽 유리 벽을 열기 시작했다. 천천히 바깥 풍경이 눈에 들어오기 시작했다. 전당의 조경과 광장, 도시 빌딩과 네온사인들 그리고 저 멀리 무등산 산등성이까지 시야에 들어왔다. 관객들은 탄성을 질렀다. 텅 빈 무대, 아직 아무것도, 아무 일도 일어나지 않았는데 말이다.

무대에는 가로 8m, 세로 4m 흰 종이가 펼쳐져 있다. 그 위에 붉은 승려복을 입은 '차이밍량의 배우 이강생'이 자고 있다. 그가 누워 있는 동안 검은 옷을 입은 화가 카오 준혼이 흰 종이 위에 목탄으로 거미와 나무, 꽃을 그려나간다. 승려의 꿈 속 풍경일까? 약 한 시간 만에 그림이 완성되자 드디어 이강생이 일어난다. 이후 차를

氣」，總是會堅持到底。阿比查邦感嘆的「勇氣」究竟意味著什麼？

作為國立亞洲文化殿堂的開幕作品推出的蔡明亮《玄奘》內容是在戈壁沙漠行走、修行七年後，從印度帶回佛經的七世紀唐朝僧侶玄奘（三藏法師）的旅程，是由蔡明亮電影《行者系列 Walker Series》擴大演出的作品。該作品在甫完工的藝術院院大劇場播映。此劇場形似飛機機庫的特殊形狀，一側的牆面全部由玻璃材料製成，可加以開合或關閉。觀眾們坐在為這場演出特別設置的觀眾席上，看著玻璃牆側空蕩舞臺，並等待演出。舞臺外的某個地方隱約傳來《藍天銀河》的歌聲，過了一會，四到六名的舞臺工作人員走上舞臺，開始打開後方的玻璃牆。緩緩地，外面的風景開始映入眼簾。殿堂的造景、廣場、城市大樓和霓虹燈以及遠處的無等山山脊都映入眼簾，觀眾們發出感嘆聲，但空蕩的舞臺還沒有發生任何事情。

舞臺上展開長8公尺、寬4公尺的白紙，上面睡著身穿紅色僧服的『蔡明亮的演員李康生』。在他躺臥的時候，身穿黑衣的畫家在白紙上用木炭畫下蜘蛛、樹木和花。這是否為僧侶夢中的情景？大約一個小時後畫作完成，李康生終於站了起來。之後喝茶、吃果子、刮鬍子、唸佛，緩緩走了一段時間後，突然消失在劇場外面，此即為演出的全部。請想像這個簡單的行為進行約三個小時的感覺，可以說是在緩而又緩的時間裡默默修行。演出開始時充滿興奮和期待的觀眾逐漸驚訝於『為何會如此緩慢？為何什麼事情都沒有發生？』掩飾不住困惑。雖然努力適應緩慢，但似乎並不容易，身體扭來扭去，四處都能聽到椅子的移動聲。甚至有幾名觀眾在演出途中走了出去。

everything else to keep my promise and have Tsai and Apichatpong meet each other. It was at an unpretentious local restaurant. Upon meeting Tsai, Apichatpong expressed gratitude for the great inspiration Tsai had given him, as he had also given many other Asian directors. He explained that whenever he saw one of Tsai's works, he felt both astonishment and respect toward Tsai's courage: his willingness to always push the limits with things that Apichatpong himself could only dream of but never realize. What did he mean by the "courage" that inspired such admiration?

Tsai's *The Monk from Tang Dynasty*, which served as the ACC Theater's opening performance, told of the journey of the Buddhist monk Xuanzang (Dharma Teacher Sanzang), a 7th-century figure from the Tang Dynasty who spent seven years walking through the Gobi Desert before bringing Buddhist scriptures to China from India. This was a theatrical extension or reinterpretation of his famous Walker film series. It was presented at the ACC Main Theater, which had just been completed at the time. With an unusual format resembling an airplane hangar, the theater had one wall, made entirely of glass, that could be opened and closed. To view the performance, audience members sat in specially installed seats and looked out at the empty stage adjacent to the glass wall. As they awaited the performance to begin, "Milky Way in the Sky" was sung faintly from somewhere offstage. Soon afterward, four to six staff members walked out on stage and began opening the glass wall behind it. The outside landscape slowly came into view. The ACC's landscaping and square were visible, as were the buildings and neon signs of the city and even the ridges of distant Mount Mudeungsan. Audience members gasped at the sight—even as the stage remained empty, with no one present and nothing happening.

마시고 매실을 먹고 면도를 하고 염불을 외우고 한참을 천천히 걷다가 홀연히 극장 바깥으로 사라진다. 그게 공연의 전부다. 이 단순한 행위가 약 3시간에 걸쳐서 진행되는 시간의 감각을 상상해 보라. 느리고 느린 시간 속의 묵언 수행이랄까. 공연이 시작되었을 때 흥분과 기대에 가득 찼던 관객들은 점차 '어떻게 이렇게 느린지, 왜 아무 일도 일어나지 않는지' 의아해하며 당혹감을 감추지 못한다. 느림에 적응해 보려고 애를 쓰지만 쉽지 않은 듯 몸을 이리저리 뒤틀고, 의자 삐걱거리는 소리가 여기저기서 들린다. 급기야 관객 몇 명은 공연 중간에 밖으로 나가 버리기까지 한다.

약 한 시간 정도 지났을까? 마술과도 같이 관객석의 분위기는 바뀌기 시작하더니 급기야 숨조차 조심스럽게 쉬어야 할 정도로 엄청난 집단적 집중력이 무대를 향한다. 무거운 지루함을 인내심으로 견뎌낸 후에야 관객들은 느린 시간의 결에 몸을 싣기 시작했다. 열린 너머로 천천히 해가 지고, 달이 뜨고, 도시의 망가진 네온사인들이 깜박거리고, 바람에 나뭇가지가 흔들리는 모습들이 감각을 갱생한다. 이것들이 이렇게 아름다운 것들이었나? 느림은 우리의 감각을 열어 모든 것들을 극단의 아름다움으로 변화시켰다. 이렇게 '시간' 그 자체를 만끽하며 정신 내면과 외부 풍경의 만남에 푹 빠진 지 얼마나 지났을까, 우연히 밖에서 새 한 마리가 무대 안으로 날아 들어온다. 극장을 한 바퀴 돌더니 홀연히 바깥으로 나간다. 깊게 꾸고 있던 꿈이 '쨍'하고 깨질 때의 아찔함이란. 어떤 날것의 소소하고도 비범한 현현이랄까.

차이밍량은 우리를 느린 시간 속으로 데려가 평소에 들리지 않던 소리가 들리고, 보이지 않던 것들을 보게 했다. 이강생이 무대 위에서 아무 일도 하지 않고 잠

大概過了一個小時吧？就像魔術一樣，觀眾席的氣氛開始發生變化，最終甚至連呼吸都得小心翼翼，對於舞臺產生了巨大的集體集中力。在忍受了沉重的無聊之後，觀眾們才開始將身軀融入緩慢的時間長河裡。透過開啓的玻璃牆，太陽慢慢西沉、月亮升起、城市破損的霓虹燈閃爍、樹枝隨風搖擺的模樣，使感覺煥然一新。這些原本如此美麗嗎？『緩慢』開啓了我們的感覺，把一切都變成了極端的美麗。就這樣盡情享受著『時間』，沉浸在精神內在和外部風景的相遇。不知過了多久，突然有一隻鳥從外面飛進舞臺，繞著劇場飛了一圈，又突然往外飛去。似乎就像從沉睡中驚醒的感覺，抑或是某種生命瑣碎而又非凡的展現。

蔡明亮把我們帶進緩慢的時光中，讓我們聽到平時聽不到的聲音，看到看不見的東西。因為李康生在舞臺上什麼都不做，只是睡覺、放空、留白，所以能夠感受到太陽西沉、月亮升起、下雨、風吹、鳥飛這些細微的現象、緩慢和留白造就的魔術。

對於演出中途離席的觀眾，蔡明亮笑著說：「打破寂靜離席的觀眾腳步聲非常美麗。」他之所以囑咐李康生不要受到觀眾的影響進行演出，是因為他希望創造機會，讓對於緩慢感到陌生的我們體會緩慢是如何到來。『無論觀眾是在看演出時離席，還是在結束後離席，那都是如何體驗時間的問題。』他甚至說『更希望觀眾的期待崩潰、感到失望』，並露出達觀的微笑。

對於快速的世界，用緩慢加以抵抗的固執；完全放下自我，朝向偶然、不確定的世界敞開心門的毅然；保留原有生命、加以擁抱的度量。這些都是任何藝術家都能輕易想像的食譜，但真正想要付諸實踐卻是另一回事。阿比查邦·韋拉斯塔古非常清楚這一點，所以才會

On the stage was a sheet of white paper measuring eight by four meters. Sleeping on it in red monk's robes was Lee Kang-Sheng, an actor renowned for his appearances in Tsai's numerous films. As he lay there, the painter Kao Jun-honn, dressed in black, used charcoal to sketch images of spiders, trees, and flowers on the paper. Could this be the sleeping monk's dream or vision? An hour or so passed as the drawings were brought to near completion, and Lee finally rose. He drank tea, ate a plum, shaved, recited Buddhist prayers, and walked slowly until he suddenly disappeared from the audience's sight. That was all there was for the performance. Imagine the sensations as those simple actions unfolded over a period of around three hours—a silent form of practice in a tremendously slow timeframe. Filled with excitement and anticipation when the performance started, the viewers became increasingly unable to conceal their bafflement or boredom. How come nothing's happening? Why is everything so slow? Even when they tried to adjust to the slow tempo, they seemed to struggle, shifting this way and that in their seats. The sound of seats creaking could be heard all around. A few viewers even walked out midway through the performance.

Maybe an hour or so into the performance, as if by magic, the mood in the audience began to shift. Directed at the stage was a tremendous force of collective concentration, to the point where some felt they should be cautious with their breathing. Only after patiently enduring a period of weighty tedium did the audience members begin giving their bodies over to the slow textures of time. Their perceptions were regenerated by the sight of the sun slowly setting and the moon rising beyond the open glass wall, the flickering of the city's broken neon signs and the tree branches quivering in the wind. Had they always been this beautiful?

만 자고 있었기에, 비어있기에, 그 여백으로 인해 이윽
고 해가 지고, 달이 뜨고, 비가 내리고, 바람이 불고, 새
가 날아가는 것, 그 작은 것들을 소스라치게 감각할 수
있게 된 것이다. 느림과 여백이 만들어낸 마술.

차이밍량은 공연 중간에 나간 관객들에 대해서 "정
적을 깨고 나가는 관객의 발걸음 소리가 아름다웠다"라
며 웃었다. 이강생에게 "관객에게 영향받지 말고" 공연
을 해 달라고 당부했던 건 느린 것을 낯설어하는 우리에
게 느림이 어떻게 다가오는지 경험할 기회를 만들고자
하는 굳건한 믿음 때문이었다. 관객이 공연을 보다가 나
가건, 끝나고 나가건, 그것 또한 시간을 어떻게 경험하는
가의 문제라는 것, 그는 오히려 "관객의 기대가 무너지고
실망하는 것을 더 원한다"라며 달관의 미소를 보였다.

빠른 세상에 느림으로 저항하겠다는 무모한 고집.
'나'를 온전히 내려놓고 우연적이고 불확실한 세상을 향
해 문을 활짝 열어 놓는 대범함. 날것 그대로의 거친 재
료를 가공하지 않은 채 있는 그대로 품을 수 있는 도량.
이러한 것들은 어느 예술가나 쉽게 상상할 수 있는 레
시피지만, 이를 실제로 실행하는 것은 다른 문제다. 아
피찻퐁 위라세타쿤은 이를 너무나 잘 알고 있기에 차이
밍량을 칭송했을 것이다. 작위적 의도와 관념을 버리고
세상을 관조하기 위해서는 '용기'가 필요하다.

稱頌蔡明亮。因為為了摒棄虛假的意圖和執念，觀照世
界，是需要極大的勇氣的。

The slow tempo opened their senses, transforming everything into intense beauty. Somewhere amid this experience of reveling in time itself and sinking into the encounter between the spiritual interior and the external landscape, a bird happened to fly inside and over the stage. It fluttered once around the theater and vanished outside as quickly as it had appeared. It was like the giddy sensation of awakening suddenly from a profound dream—or the simple yet extraordinary manifestation of something raw.

Tsai Ming-Liang wanted to draw us into a slow timeframe so that our mind could pay attention to things we rarely look at or listen to. Because Lee Kang-Sheng was doing nothing besides sleeping on the stage, because the setting was empty, that blankness afforded us an astonishing perception of the minute or usual events: the sun setting, the moon rising, the rain falling, the wind blowing, and the bird flying. It was a form of magic, created by slowness and emptiness.

Commenting on the audience members who left midway through, Tsai laughed and said, "Their footsteps made a beautiful sound as they broke the stillness on their way out." The reason he asked Lee to "not allow the audience to influence" his performance was due to his firm belief in creating an opportunity for people unaccustomed to slowness to experience how it is perceived. With a philosophical smile, he explained that whether the viewers left during the performance or stayed until the end, it was ultimately a question of how they experienced time—and that he actually *wanted* the viewers to be disappointed, their hopes dashed.

A reckless insistence on resisting a fast-paced world with slowness; the magnanimity of someone who lets go of the self fully to open the door wide to a random, uncertain world; the generosity of someone who is able to simply embrace rough and raw materials without

© 2015 ACC, The Monk from Tang Dynasty, Park Jungkeun

refining them. It is a recipe that any artist can easily imagine, but realizing it is a different matter entirely. The reason Apichatpong Weerasethakul praised Tsai Ming-Liang is likely that he was well aware of this fact: that it takes "courage" to let go of contrived intentions and ideas and to simply contemplate the world.

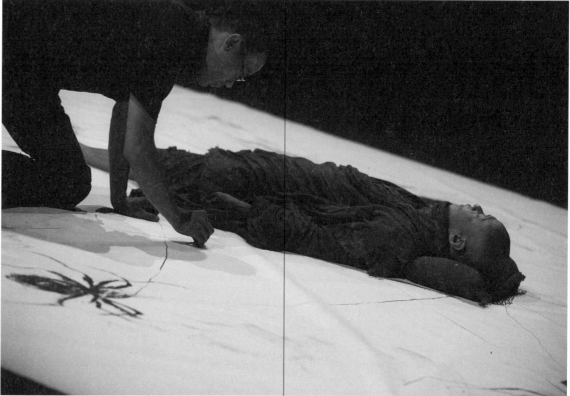

© 2015 ACC, The Monk from Tang Dynasty, Park Jungkeun

1. 쿠칭, 사라왁

물 소용돌이 속으로 우리를 곤두박질치게 하던 카약은 이제 노를 젓지 않아도 강의 흐름을 따라 천천히 흘러간다. 쥐라기 시대부터 생존한 거대한 양치식물들이 녹색의 강가를 따라 환영처럼 늘어져 있다. 강의 소용돌이에 안경을 잃어버린 동행과 나는 흐릿한 눈, 그러나 경이로운 마음으로 어두워지는 보르네오 레인 포레스트를 바라본다. 쿠칭으로 돌아가 안경을 맞춘 뒤, 동행은 가지고 있던 스킨스쿠버 용 고글로 TV 뉴스를 보고, 난 속수무책으로 내일의 안경을 기다린다.

쿠알라룸푸르에 위치한 다후앙영화사Da Huang Pictures를 방문해 탄 추이무이Tan Chui Mui 감독을 만나 동남아시아 디지털 영화에 대한 인터뷰, 조사를 마친 후 쿠칭으로 왔다. 쿠칭은 차이밍량이 태어난 곳이다. 나는 이 사실을 쿠칭 출신인 싱가포르 대학의 홍콩 영화학자 스티븐 테오로 부터 들었다. 차이밍량의 유년 시절의 거리나 그가 다니던 극장을 특별히 찾아가지는 않았지만, 쿠알라룸푸르에서 촬영된 〈홀로 잠들고 싶지 않아〉(2006)를 본 이후 대만에서 활동하는 말레이시아 디아스포라로서의 차이밍량에 관한 생각이 그 여정과 함께했다.

쿠칭으로의 여행은 2008년의 일이다.

---

1. 砂拉越, 古晉

皮艇在河水的漩渦中跌撞, 即使不用划槳, 它也會沿著河流緩慢流動。從侏羅紀時代開始生存下來的巨大蕨類植物沿著綠色的河岸, 如同幻影一般展開。在河水的漩渦中遺失眼鏡的同行和我用模糊的視力, 但卻是秉持著驚異的心情觀看逐漸變暗的婆羅洲雨林。回到古晉後配眼鏡, 同行的人用潛水眼鏡看電視新聞, 我束手無策地等待著明天才能拿到的眼鏡。

在吉隆坡訪問了大荒電影公司, 見到陳翠梅導演。在結束了對東南亞數位電影的採訪和調查後來到古晉。蔡明亮出生的地方就是古晉。新加坡大學的香港電影學家史蒂芬·特奧Stephen Teo也出生於這裡, 透過他知道了蔡明亮的故鄉。雖然沒有特別去看蔡明亮幼年時期的街道和他曾經去過的電影院, 但是看了在吉隆坡拍攝的《黑眼圈I Don't Want to Sleep Alone》（2006年）之後, 關於從馬來西亞移居台灣的蔡明亮的各種想法一直陪伴我度過這段旅程。

去古晉旅行是在2008年。

2. 《電影的氣候：島嶼、行星、後接觸區》
過了數年。

---

1. Kuching, Sarawak

The kayak that plunged us into a whirlpool now floats gently down the river's current without the need for paddling. Gigantic ferns that have survived since the Jurassic period stretch out like a welcoming green along the riverbanks. Having lost our glasses to the river's whirlpools, my companion and I, with blurred vision but a sense of wonder, gaze into the darkening Borneo rainforest. Returning to Kuching to get new glasses, my companion watches TV news with scuba diving goggles while I helplessly wait for my glasses the next day.

After visiting Da Huang Film Company in Kuala Lumpur, meeting director Tan Chui Mui, and completing interviews and research on Southeast Asian digital cinema, we came to Kuching. It turns out that Tsai Ming-Liang was born in Kuching. I learned about Tsai's hometown through Steven Teo, a film scholar from the University of Singapore and a native of Kuching as well. Although I didn't specifically visit the streets of Tsai's childhood or the theaters he frequented, watching *I Don't Want to Sleep Alone* (2006) shot in KL and pondering Tsai Ming-Liang as a Malaysian diaspora working in Taiwan was part of this journey. The trip to Kuching took place in 2008.

2. 《영화의 기후: 섬, 행성, 포스트콘택트존》[24]

몇 년이 지났다.

쿠칭에서의 그의 유년 시절을 일별한 것은 스팀에서 공개된 VR 다큐멘터리 〈미싱 픽처스: 차이밍량, 7층 빌딩〉(2001)을 통해서였다.[25] 프로그램 디렉터를 맡아 진행했던 부산현대미술관의 2023년도 영화 전시《영화의 기후: 섬, 행성, 포스트콘택트존》에서 차이밍량의 작품 중 〈안녕, 용문객잔〉(2003), 〈모래沙〉(2018), 〈너의 얼굴〉(2018), 〈라이트〉(2018), 〈데이즈〉(2020), 〈홍콩의 밤〉(2021), 〈달과 나무〉(2021), 〈소요〉(2021), 〈곳何處〉(2022)을 극장 을숙에서 상영했다. 그의 작품은 "느린 영화와 느린 과학, 행성적 사유"라는 이 전시의 주제를 아우른다. 또한 만주장정이라고도 불리는, 행자 연작의 작품들처럼 퐁피두 센터, 베니스비엔날레, 베를린국제영화제를 포함한 영화제, 미술관, 극장에서 상영, 전시, 설치되는 그의 작업 방식은 부산현대미술관의 극장 을숙과 극장 행성, 시네미디어 라운지를 가로지르는 장소성, 공간 생성, 무빙 이미지의 시간적 객체성[26]을 보여준다.

602년경 중국에서 태어난 학자, 번역가, 여행가였던 승려 삼장법사가 불교 경전을 더 깊이 연구하기 위해 인도로 간 17여 년간의 긴 여정을 느슨하게 가리키는 행자 연작은, 같은 이야기를 토대론 한 각종 버전의 '서유기'의 판타지와는 무관하게 배우 이강생이 새로운 세계(서역, 인도로 향하는), 혹은 다수의 방향을 가리키며 천천히 움직인다.

（24） 2023. 4. 6.–8. 6., 부산모카 시네미디어《영화의 기후: 섬, 행성, 포스트콘택트존》전.

（25） 편집자 주: 미싱 픽처스: 아벨 페라라, 차이밍량, 이명세, 캐서린 하드윅, 가와세 나오미 참여 5부작 VR 다큐멘터리 시리즈.

（26） 편집자 주: 베르나르 스티글러(Bernard Stiegler)의 저서『Technics and Time, 3: Cinematic Time and the Question of Malaise』에서 소개된 개념 'Temporal Object'로 시간 속에 존재하고 시간을 통해 전개되는 시간적 대상이라는 의미.

得以一睹蔡明亮在古晉的幼年歲月是透過STEAM製作的VR紀錄片《大師狂想曲Missing Picture》系列的《蔡明亮：The seven-story building》。在我擔任節目總監的釜山現代美術館2023年度電影展《電影的氣候：島嶼、行星、後接觸區》[27]中，蔡明亮的作品《不散》（2003年）、《沙》（2018年）、《你的臉》（2018年）、《光》（2018年）、《日子》（2020年）、《良夜不能留》（2021年）、《月亮 樹》（2021年）、《漫不經心》（2021年）、《何處》（2022年）在乙淑劇場上映。當年電影展的主題為「緩慢的電影和緩慢的科學，行星的思維」，蔡明亮的作品恰恰與此主題吻合。另外，慢走長征的《行者》系列作品在龐畢度中心、威尼斯雙年展、柏林電影節等電影節、美術館、電影院上映、展示、設置，他的工作方式呈現在釜山現代美術館、乙淑劇場和行星劇場、電影媒體大廳，其場所性、空間生成和移動形象均衡展現時間的客體性。

取材自西元602年頃，中國出生的學者、翻譯家、旅行家僧侶—三藏法師為了更深入地研究佛教經典而前往印度的十七年漫長旅程的《行者》系列作品與以同一故事為基礎的各種版本《西遊記》的幻想無關，演員李康生朝向新的世界（走向西域、印度）或朝多個方向緩慢移動。

針對從2012年開始的《行者》（2012）以及《行在水上》（2013）之後完成的《西遊》（2014），Cine21對我進行採訪（2014. 10. 29.），提及《行者》系列作品橫貫西域的所謂世界主義的文化橫斷、翻譯。

（宋孝貞）Cine21：21世紀初期，宗教根本主義、極端民族主義、新法西斯主義等以憎惡為基礎的

（27） 2023. 4. 6.–8. 6., 釜山現代美術館電影媒體：電影的氣候：島嶼、行星、後接觸區展.

2. The Climate of Cinema: Island, Planet, Post-Contact Zone

Years have passed since then.

It was through a VR project on Steam, the "Missing Story" series' "Tsai Ming-Liang: The 7th Floor Story," that I revisited his childhood in Kuching. As the program director for the Busan Museum of Modern Art's 2023 film exhibition "The Climate of Cinema: Island, Planet, Post-Contact Zone,"[28] I showcased Tsai Ming-Liang's works including *Goodbye, Dragon Inn* (2003), *Sand* (2018), *Your Face* (2018), *Light* (2018), *Days* (2020), *Sand* (2018), *Nights in Hong Kong* (2021), *The Moon and the Trees* (2021), *Wandering* (2021), and *Where* (2022) at the Eulsukdo Cinema we just set up. His works encompass the exhibition's theme of "slow cinema and slow science, planetary thought." Additionally, like the works in the Walker series, Tsai's approach to screening, exhibiting, and installing at film festivals, museums, and theaters, including the Pompidou Center, Venice Biennale, and Berlin International Film Festival, resonates with the locationality, spatial production, and temporal object of moving images across the Eulsukdo Cinema, Cinema Planet, and CineMedia Lounge of the Busan Museum of Modern Art.

The Walker Series, loosely referring to the 17-year-long journey of the monk Xuanzang, a scholar, translator, and traveler born around 602 in China who traveled to India to study Buddhist scriptures more deeply, moves slowly towards a new world (the Western Regions, towards India) or in multiple directions, independent of the various fantasy versions of *Journey to the West* and starring actor Lee Kang-Sheng.

The Walker Series *The Walker* (2012) and *Walking on Water* (2013), followed by *Journey to the West* (2014), discussed in my interview with Cine 21 (October 29, 2014).

（28） April 6.–August 6, 2023, Busan Museum of Contemporary Art (MoCA) Cinemedia *Climate of Cinema: Isle, the Planet and Postcontact Zone.*

2012년 시작된 '행자 연작'의 〈행자行者〉(2012)와 〈물 위 걷기行在水上〉(2013) 이후 나온 〈서유西遊〉(2014)를 두고 나눈 씨네21과 나의 인터뷰(2014. 10. 29.)는 행자 연작이 서역으로의 세계주의라는 문화 횡단, 번역을 언급했다.

(송효정) 씨네 21: 21세기 초반, 종교 근본주의, 극단적 민족주의, 네오파시즘 등 증오에 기반을 둔 부정적 개별성이 창궐하고 있다. 이 시대에 트랜스아시아란 어떠한 비전을 내보일 수 있을까.

(김소영) 이번 부산국제영화제에서 만난 차이밍량의 〈서유〉(2014)에서 예를 들겠다. 여기서 서유(西遊)의 방향은 유럽이 아니라 원래는 인도 방향이다. 영화의 마지막 시퀀스의 롱테이크. 승려복을 입은 배우 이강생이 천천히 수행하듯 퍼포먼스하며 이주자들이 모인 카페 앞을 지나간다. 초국적 이주자들의 쿼터인 마르세유에서 이강생이 서유의 걸음을 걷고 드니 라방이 이를 따라간다. 가령 국가라는 폭력적 장치가 신자유주의를 과잉으로 관철시키는 이 시대에 그것을 벗어날 이미지에는 어떠한 것이 있을까 고민할 때, 차이밍량은 국가가 이해할 수 없는 소란하고 예측 불가능한 공간을 개방했다. 서발턴(29)들의 코스모폴리탄이 바로 그것이다. 이는 차이밍량뿐 아니라 나의 관심사이기도 하다.

3.   무빙 이미지의 기관, 장치, 행자
2018년 차이밍량은 동북 일란 국립 기관 초청으로 〈모

(29) 편집자 주: 전(全)지구상에 다양한 형태로 흩어져 있으며, 자본의 논리에 희생당하고 착취당하며 자본의 논리를 거슬러 갈 수 있는, 저항성을 갖는 주체, 주로 역사의 주변으로 밀려나고 소외된 여성·노동자·농민을 지칭.

否定性個性正呈現猖獗之勢。在這個時代，跨亞洲Trans-asia能展現出怎樣的前景？

(金素英) 我以此次釜山國際電影節中看到的蔡明亮導演的《西遊》(2014) 舉例說明。此處西遊的方向並非歐洲，原本就是朝向印度。影片最後一段的長鏡頭中，身穿僧侶服的演員李康生像慢慢修行一樣表演，從移居者聚集的咖啡廳前經過。在四分之一是跨國移居者的馬賽，李康生邁出了西遊的步伐。如果我們思考在國家這一暴力裝置過度貫徹新自由主義的當今時代，有哪些形象可以擺脫它時，蔡明亮開啓了國家無法理解的嘈雜、不可預測的空間。這就是次世代的國家主義。這不僅是蔡明亮關心的事情，也是我關注的焦點。

3.   移動影像的器官、裝置、行者
2018年蔡明亮應邀製作了《沙》，該作品將站立於連接相機、鏡頭裝置、人類視網膜器官的圓筒形客體末端（即將開始緩行走的）李康生作為敘事形象。將視覺、凝視以不同的感覺、好奇心和知覺打開的這個設定提示了非人類和人類、自然和技術、有機體和非有機體的糾纏、內部化作用。行走在壯圍沙丘公園的行者之修行，啓動「外在的內在性」，而非所謂外部和內部的二分法。虛構、非-虛構，修行和行爲，城市和自然，空間和場所的劃分以移動影像這一時間對象重現。在很多情況下，形象和聲音不和或回答是無關的。在《行者》系列的最後一部作品《無所住》(2024) 中，這種不和、和音、無關表現出李康生和亞儂·弘尚希Anong Houngheuangsy的修行步行和日常生活並置、干涉形式。

(Song Hyo-jung, Cine 21): In the early 21st century, we are witnessing a surge in negative individualities based on hate, such as religious fundamentalism, extreme nationalism, and neo-fascism. What kind of vision could Trans-Asia offer in this era?

(Soyoung Kim): Let me use Tsai Ming-Liang's *Journey to the West* (2014), which I encountered at the Busan International Film Festival, as an example. The direction of the journey to the west (西遊) here is not towards Europe but originally towards India. The film's final sequence features a long take of actor Lee Kang-Sheng, dressed as a monk, performing a slow, procession-like walk past a café filled with migrants in Marseille, a quarter of transnational migrants. In an era dominated by the nation-state's violent enforcement of neoliberalism, Tsai Ming-Liang has opened up a chaotic and unpredictable space beyond the understanding of the state. This is the cosmopolitanism of the subalterns, a focus of interest not only for Tsai Ming-Liang but also for myself.

3.   Moving Image's Organ, Apparatus, and The Walker
In 2018, at the invitation of the Northeast Ilan National Institution, Tsai Ming-Liang created *Sand*. This work features actor Lee Kang-Sheng, who begins to walk slowly, as a narrative image at the end of a cylindrical object, seemingly connecting the camera, the lens as an apparatus, and the human retina as an organ. This setup opens vision and gaze to other senses in curiosity and fascination, highlighting the intertwining and interaction of non-human and human, nature

래沙)를 만드는데, 이 작품은 카메라, 렌즈라는 장치, 인간 망막 기관을 연결하는 듯한 원통형 객체 끝에 선 (곧 느리게 걷기 시작하는) 이강생을 내러티브 이미지로 삼는다. 시각, 응시를 다른 감각, 호기심과 지각으로 열어주는 이 설정은 비인간과 인간, 자연과 기술, 유기체와 비유기체의 얽힘, 내부화 작용을 제시한다. 주앙웨이사구 공원을 걸어가는 행자의 수행은, 외부와 내부라는 이분법이 아닌 "외재적 내재성"을 작동시킨다. 픽션, 비-픽션, 수행과 행위, 도시와 자연, 공간과 장소의 구획을 넘어 무빙 이미지라는 시간적 객체로 활성화한다. 이미지와 사운드는 불화하거나 응답하고 많은 경우 무관하다. 행자 연작의 마지막 작품인 〈무소주無所住〉(2024)에서 이러한 불화, 화음, 무관함은 이강생과 아농 호웅흐앙시Anong Houngheuangsy의 수행적 걷기와 일상이 병치, 간섭 패턴으로 표현된다.

4.   몰입체험

2023년 6월, 부산현대미술관, 나는 고글을 끼고 2008년 쿠칭 여행 당시 보지 못했던 차이밍량의 유년의 거리를 VR로 체험한다. 할아버지가 차이밍량에게 사주었던 색색의 떡들이 눈앞에 잡힐 듯 떠오른다. 〈차이밍량, 7층 빌딩〉. 쿠칭에서 잃어버린 안경이 고글로 돌아온 셈이다.

〈곳何處〉(2022)에서 처소는 여전히 주소(address) 없는 유목이고, 소구 대상, 말 거는 대상(mode of address)은 상심한 사람들이었다 영화 엔딩에 흐르는 노랫말은 재회를 향하고 존재의 타당성을 끌고 온다. 느린 영화와 감상적 노래의 결합은 대중 영화와 작가 영화의 절묘한 접점을 슬쩍 만들어낸다.

행자 연작의 열 번째 작품 〈무소주無所住〉(2024), 어

4.   沉浸體驗

2023年6月，在釜山現代美術館，我戴著VR眼鏡，體驗了2008年古晉旅行時未見到的蔡明亮幼年時期的街道。爺爺給他買的各色糕點似乎浮現在眼前，隨手可及。《蔡明亮：The seven-story building》。好像是在古晉丟失的眼鏡經由VR眼鏡又回到我的眼前。

在《何處》（2022年）中，住所仍然是沒有地址address的遊牧過程，訴求對象、搭話的對象mode of address，都是傷心的人。歌曲的歌詞朝向重逢，帶來存在的適當性。慢電影和感性歌曲的結合，巧妙地製造出大眾電影和作家電影的結合。

《行者》系列的第十部作品《無所住》Abiding Nowhere（2024），該片名取自台灣寺院牆壁上刻著的金剛經的一句章節：應無所住，而生其心。《行者》，概括了遊牧之心的修行，也是另一種世界主義的實踐。

and technology, organic and inorganic. The walker's journey through Jang Wei-sa-gu Park exemplifies not a binary of inside and outside but an "exteriority within," enacting beyond the divisions of fiction and non-fiction, performance and action, urban and nature, space and place as a temporal object of moving images. Image and sound may produce resonance, or dissonance or often appear unrelated. In *Abiding Nowhere* (2024), the series' final work, these elements of discord, harmony, and irrelevance are portrayed through the performative walking and daily lives of Lee Kang-Sheng and Anong Houngheuangsy.

4.   Immersive Experience

In June 2023, at the Busan Museum of Modern Art, I donned goggles to have an immersive experience, through VR, the streets of Tsai Ming-Liang's childhood in Kuching, which I hadn't seen in real life during my 2008 trip. The colorful rice cakes his grandfather used to buy seemed to emerge and float before my eyes in "Tsai Ming-Liang: The 7th Floor Story." It was as if the glasses I lost in Kuching had returned as goggles.

In *Where*, the dwelling remains unknown, without an address, and the mode of address speaks to the heartbroken. The song's lyrics hint at reunion and bring forth the soundness of existence. The articulation of slow cinema with evocative songs creates a delicate junction between popular sentiments and auteur cinema.

The tenth work in the Walker Series, *Abiding Nowhere*, is said to derive its title from a phrase inscribed on the wall of a Taiwanese temple from the Diamond Sutra: to let the mind be without a dwelling place. It encapsulates the practice of a nomadic Worldism(世界主義) -minded walker.

디에도 머무르지 않음("Abiding Nowhere[30]"), 이 제목
은 대만의 사원 벽에 새겨진 금강경의 한 구절에서 따
온 것이라고 한다: 응당히 머무는 바 없이 그 마음을 내
라. 응무소주 이생기심(應無所主 而生其心) 행자, 유목
민의 마음 수행. 또 다른 세계주의(世界主義).

---

(30) 편집자주:〈무소주〉의 영어 제목.

케빈 B. 리

친애하는 차이밍량

사진 속의 집은 제가 자란 집인데, 샌프란시스코에 있습니다. 바로 이곳에서 저는 25년 전 감독님의 영화를 처음으로 보았습니다. 지금보다 훨씬 더 작은 TV가 검은색 벽난로 위가 아닌 벽난로 앞에 놓여 있었죠. 가구는 꽤 많이 바뀌었지만 〈애정만세〉(1994)를 볼 때 앉았던 식탁만은 예전 그대로입니다. 이렇게 멀찍이 떨어져 영화를 볼 수밖에 없었던 특별한 사정이 있었다는 점을 이해해 주셨으면 합니다.

어렸을 때 저는 중국어를 배우지 못했습니다. 어머니는 제가 영어를 완벽하게 구사해야 미국에서 성공할 수 있을 거라 생각하셨거든요. 성인이 되어 영화를 업으로 삼으려 했지만, 어머니는 현실성 없는 꿈이라며 저를 키우려고 일한 세월이 부질없게 느껴진다고 하셨습

凱文B.李

親愛的蔡明亮

這是我長大的房子，位於舊金山。25年前，我就在這裡，第一次看你的電影。當年的電視比現在小多了，放在黑色的壁爐前面，而不是上面。很多傢俱都更動過了，但餐桌沒動過，當年我就坐在那裡看《愛情萬歲》。當年的情境特殊，我希望你不介意我以這樣的距離看你的電影。

小時候，我不被鼓勵學中文，因為我媽認為要在美國功成名就，必須要說完美的英文。我長大後，決定進入電影圈，但她認為這不切實際，枉費她多年辛苦工作養育我。我找不到適當的英文字詞來說服她，用中文說更是無望。我決定去圖書館借中文電影，或許這會讓她了解我的志向。當時剛好是電影史上很特別的時刻，華語背景的導演終於被認真看待。第一波華語電影導演

Kevin B. Lee

DEAR TSAI MING-LIANG

This is the house where I grew up, in San Francisco. It was here, 25 years ago, that I watched one of your films for the first time. The TV was much smaller and sat in front of the black fireplace instead of above it. Much of the furniture has changed, but not the dining table, which is where I was sitting when I watched *Vive L'amour* (1994). I hope you don't mind that I watched your film from such a distance, due to specific circumstances.

As a child I was discouraged from learning Mandarin because my mother wanted me to speak perfect English, thinking it would lead to a successful career in the US. When I became an adult, I decided to pursue a career in cinema, which she found impractical and a waste of her years working to support me. I couldn't find the right words in English to persuade her, and I had no hope of doing so in Mandarin. I resorted to bor-

니다. 어머니를 설득할 만한 적절한 말을 영어로도 찾지 못했고, 중국어로 어머니를 설득하기란 꿈도 못 꿀 일이었지요. 제가 간절히 바라는 것이 무엇인지 조금이나마 이해를 돕기 위해 할 수 있던 일은 단지 도서관에서 중국 영화를 빌리는 것뿐이었습니다. 그런데 우연히 영화사映畫史에서 중국 출신 감독들의 영화가 조명을 받기 시작하는 특별한 시기가 찾아왔습니다. 제 1세대 중국 영화 열풍의 주역인 장이머우, 천카이거, 이안과 같은 중국계 작가 감독들의 영화가 미국 비디오 가게에 처음으로 등장하기 시작했습니다. 어머니에게 이런 영화들을 보여드리고 싶었습니다. 제가 간절히 바라는 것이 무엇인지 눈으로 확인시켜 드리고 싶었고, 충분히 이룰 수 있는 꿈이라는 사실을 이해시키고 싶었습니다.

그런데 어머니는 저녁 늦은 시간에는 중국 드라마를 보는 걸 더 좋아하셨어요. 저녁을 먹는 동안만은 제가 영화를 틀 수 있었습니다. 주방 식탁과 마주 보는 거실 TV에 영화를 틀곤 했고, 제가 식탁 왼쪽에, 어머니가 오른쪽에 앉으셨어요. 영화를 틀어 놓는 동안 어머니와 저의 눈은 그릇과 화면만을 오갔습니다. 서로를 바라보지도, 거의 대화도 나누지 않았어요.

어느 날 저녁 우리는 〈애정만세〉를 봤습니다. 그 저녁 시간으로부터 25년이라는 세월이 흘렀지만 피가 거꾸로 솟는 듯 너무나도 강렬했던 장면에 몸이 얼어붙어 영화를 멈추지조차 못했던 그때의 전율을 아직도 잊을 수 없습니다. 그 장면들이 펼쳐지는 동안 어머니와 저는 화면을 쳐다보지도 못하고, 서로의 얼굴을 마주하지도 못한 채로 식탁에 앉아 있었습니다. 지금껏 본 영화와는 달리 그 장면들은 우리가 마주할 수도, 피할 수도 없던 그 무언가를 우리 앞에 던져 놓았습니다. 그리

張藝謀、陳凱歌還有李安的作品首次出現在美國的錄影帶出租店。我想讓我媽看這些電影，讓她了解我的志向，並讓她相信這是有出路的。

但我媽寧願在晚上看華語肥皂劇。我唯一能播放這些電影的時機是晚餐時間，我會在客廳裡的電視上播放這些電影，電視正對我們的餐桌。我坐在餐桌左邊，她坐在右邊。電影播放時，我們的頭在電視螢幕跟飯碗之間轉動，邊吃邊看，從不正視對方，幾乎從來不說話。

有天晚上，我們看了《愛情萬歲》。已經25年了，但我依然記得當晚我血液沸騰，電影中的那些激烈時刻讓我目瞪口呆，無法停下來。那些場景持續播放，我媽跟我坐在餐桌，不看螢幕也不看彼此。這跟我們看過的電影不一樣，這些電影場景逼我們面對一些我們無法面對也無法逃避的事。然後，最後一場戲楊貴媚連哭了六分鐘。就好像房子裡出現了第三個家庭成員，在螢幕上跟我們說話，不說英文也不說普通話，他的表情表達了我在家裡意識到的苦痛：有話要說，但我們說不出口。

你的《愛情萬歲》來到我家的那天，它指認了我的家，形容了我的家。藉由拍攝一部可以瞧見我家的電影，你讓我更堅信，電影就是我的家。24年後，我在我盧卡諾的新家迎接你，盧卡諾影展頒給你終身成就獎，里維利諾（Rivellino）藝廊成為你的影片跟畫作的臨時住所。我希望有一天能去台灣拜訪你，那是我家人幾十年前離開的故鄉。

雖然我現在住在盧卡諾，我依然覺得我媽在舊金山的房子是我真正的家。這些照片是在一場大風暴開始肆虐之時拍攝的，風暴最後導致停電了兩天。我認為氣候變遷造成了這種極端天氣，這讓我媽想起了台灣的颱

rowing Chinese movies from the library that could give an idea of what I aspired to. It happened to be a special moment in film history in which cinema by directors of Chinese origin were being taken seriously. For the first time, works of cinematic art by the likes of Zhang Yimou, Chen Kaige and Ang Lee, the first wave of Chinese language auteurs could be found in US video stores. I wanted to show these films to my mother to make her see what I aspired to, and to convince her that such aspirations were possible to achieve.

But my mother preferred to watch Chinese soap operas in the evening. The only time that I could present these films was during dinner time. I would play the films on the TV in the living room, which faced our dining room table. I sat on the left side of dining table, she on the right. As the film played we would turn our heads between our bowls and the screen, eating and watching, never facing each other, almost never speaking to each other.

One evening we watched *Vive l'amour*. It has been 25 years since that evening, but I still remember the rush of blood as the film presented moments that were so intense that I was too stunned to stop the film. These scenes played on while my mother and I sat at the dinner table, not looking at the screen nor at each other. Unlike any film we had seen, they confronted us with something we could neither face nor avoid. Then, the final scene of Yang Kuei-mei crying for six minutes without interruption. It was as if there were a third family member in the house, addressing us from the screen, not speaking English or Mandarin, but whose face expressed a pain that I recognized inside my family: something needing to be said, but that we could not manage to say.

That day your film *Vive l'amour* came into my home. It recognized my home and it described my

고 이어지는 마지막 장면에서는 배우 양귀매가 6분 동안 하염없이 눈물을 흘립니다. 마치 집 안에 어머니와 나 말고, 또 다른 가족이 화면을 통해 영어도 중국어도 아닌 언어로 우리를 부르는 듯한 기분이 들었습니다. 배우의 얼굴은 우리 가족에게서 내가 느꼈던 고통을 표현했습니다. 할 말이 있지만, 우리는 말할 수 없었습니다. 감히 입에 담을 수 없던 그 무언가가 느껴졌습니다.

그날 감독님의 영화 〈애정만세〉가 우리집을 찾아왔습니다. 감독님의 영화가 우리를 알아보고, 우리 가족을 묘사했습니다. 감독님은 우리집을 새삼 돌아볼 수 있는 작품을 만들어 주셨고, 영화야말로 내가 거할 곳이라는 믿음을 확고하게 만들어 주셨습니다. 24년 후, 나는 로카르노에 있는 저의 새집에서 감독님을 맞이했습니다. 이곳, 로카르노영화제에서 감독님은 공로상을 받았고, 리벨리노 갤러리는 감독님의 영상과 그림이 잠시 머물 "집"이 되었지요. 언젠가는 우리 가족이 수십 년 전에 떠났던 집, 대만에 가서 감독님의 집을 방문하고 싶습니다.

비록 저는 지금 로카르노에 살지만 여전히 샌프란시스코에 있는 어머니의 집이 진정한 집처럼 느껴집니다. 함께 보내 드린 사진은 대형 폭풍이 불기 시작했던 날 찍은 사진으로, 폭풍의 여파로 이틀 동안 전기가 끊기고 말았죠. 기후 변화로 말미암아 이렇게 극단적인 기상 현상이 생기는 것 같습니다. 어머니는 대만의 태풍이 떠오른다고 하셨어요. 이토록 비정상적으로 강렬한 폭풍은 아무래도 기후 변화 때문인 것 같습니다. 더불어, 맹렬한 비바람과 함께 문을 닫는 영화관의 이야기를 다룬 〈안녕, 용문객잔〉(2003)이 떠오릅니다. 사진 속의 유리창이 다가올 현실을 보여 주는 영화 스크린과 사뭇 닮아 있어, 우리 가족의 집 또한 그 영화관과 같은

風。這場異常強烈的風暴可能是氣候變遷的後果，這也讓我想起《不散》，一場無情的風暴伴隨著電影院的歇業。這些玻璃門就像是通往即將到來的現實的電影銀幕，我的原生家屋可能會經歷跟電影院一樣的命運。現在，我可以靜下來把這些空間聚集起來，讓我的思緒居住在其中，就好像住在家裡一樣。

此致
Kevin

home. By making a work of cinema that could see my home, you strengthened my belief that cinema is my home. 24 years later, I welcomed you to my new home in Locarno, where the Locarno Festival awarded you its career achievement award, and the Rivellino gallery became a temporary home for your videos and paintings. I hope someday to visit you at home in Taiwan, the home my family left decades ago.

Though I now live in Locarno, I still feel that my mother's house in San Francisco is my true home. These photos were taken at the start of a massive storm which eventually stopped electricity for two days. I think climate change is responsible for this extreme weather, which reminded my mom of the typhoons in Taiwan. This unnaturally intense storm is possibly an outcome of climate change. It also reminds me of *Goodbye Dragon Inn* (2003), in which a relentless storm accompanies the closing of a cinema. These glass doors are like a movie screen to a reality that is coming, that my family home may follow the same fate as that cinema. For now, I can take this moment to bring together these spaces, and let my thoughts inhabit them like a home.

Yours,
Kevin

운명을 따르지 않을까 싶습니다. 지금으로써는, 이 자리를 빌려 우리가 거쳐 온 공간들을 떠올리며, 제 생각이 이 공간들을 집 삼아 머물도록 하고 싶습니다.

당신의 친구 케빈 드림

브레송, 베리만, 오손 웰즈, 구로사와 아키라…

영화는 시간의 여정을 보여주는 이미지이다.

영화는 스토리텔링과 관련이 있을뿐더러 때로는 시에 더 가까울 수도 있다.

영화는 세상, 인생, 생활, 우리 몸 및 기타 등에 대한 자세한 사항을 반영하는 거울이다.

이미지는 인생과 꽤 비슷하게 때로는 의미가 있고 때로는 그렇지 않다. 바로 그 요소가 영화를 현실적으로 느껴지도록 만든다.

감독은 "액션", "컷"이라고 외치는 사람인데, 각 테이크에서 무엇을 담아냈는지 알고 있어야 한다.

기다림의 미학: 기차가 지나가는 것을 기다리고, 새 떼의 도착을 기다리기.

고요함이란 움직임이 전혀 없다는 뜻이 아닌데, 시간이 계속 초 단위로 흐르기 때문이다.

까만 화면도 이미지다. 숨 쉬는 이미지.

클로즈업으로 찍은 얼굴은 풍경처럼 세심하게 구성되어야한다.

모든 숏을 그림으로 만드는 방법.

대본은 영화가 아니다.

대화 장면 촬영에만 집착하지 말 것.

장소를 캐릭터라고 생각하라.

때로는 고요가 소리를 능가한다.

영화 음악은 대부분 상황에서 불필요하다.

어떻게 연기하라고 가르치는 대신, 배우들이 자신을 표현할 수 있게 두라.

최고의 연기는 종종 모호함으로 들어차 있다.

배우들은 당신의 영화를 빛나게 할 수 있다. 배우들을 잘 활용하고, 잘 돌보라.

배우들에게 연기 대신 진짜로 먹고 자라고 요청하라.

가진 자원에 맞게 영화를 제작하라.

영화는 현재 당신이 누구인지를 반영한다. 작품은 감독의 성숙도와 걸맞아야 한다.

다섯 명만 있어도 영화를 만들 수 있다.

미술관의 출현 덕분에 영화에 더 많은 자유가 주어졌다.

잘 먹고 잘 자야 한다.

잡지 노트북(Notebook)의 연속 기고인 "영화감독이 알아야할 것들"에 발표된 글로, 원문은 3호에 게재되었음. 발행인의 허가를 받아 사용됨.

電影導演應該知道的事情

布烈松、柏格曼、奧森威爾斯、黑澤明⋯

電影是有時間流動的影像。

電影不只講故事，它有時候更像詩。

電影是面鏡子，反映了世界、生命、生活、身體等所有細節。

影像有時有意義，有時沒有，生活也是，所以感覺才真實。

導演是喊Action和Cut的人，他要知道自己捕捉了什麼。

學會等待，等一列車通過，等一群鳥飛來。

靜止並非靜止，時間亦一分一秒過去。

黑畫面也是畫面，它在呼吸。

臉的特寫是一個構圖，也是一面風景。

讓每個鏡頭是一幅畫。

劇本不是電影。

不要只顧著拍對白。

把場景視為一個角色。

有時無聲勝有聲。

配樂大多情況是多餘的。

讓演員自我表達，不必教他們表演。

最好的表演往往是充滿曖昧的。

演員會讓畫面發光，善用他們、愛護他們。

要求演員真的吃、真的睡。

有多少錢，就拍多少錢的電影。

你的電影就是當下的你，幾歲就作幾歲的表達。

只有5個人也可以拍出一部電影。

當代出現了美術館，電影更自由了。

吃得好，睡得飽。

這篇文章係發表在雜誌筆記（Notebook）的連續投稿《電影導演需要知道的事情》，原文刊登在第3期，經發行人許可予以複製。

THINGS A FILMMAKER SHOULD KNOW

BRESSON, BERGMAN, ORSON WELLES, AKIRA KUROSAWA...

FILMS ARE IMAGES OF THE PASSAGE OF TIME.

FILM IS NOT ONLY ABOUT STORYTELLING BUT CAN SOMETIMES BE CLOSER TO POETRY.

FILM IS A MIRROR THAT REFLECTS THE DETAILS OF THE WORLD, LIFE, LIVING, OUR BODIES, ETC.

AN IMAGE, MUCH LIKE LIFE, SOMETIMES HAS MEANING, AND SOMETIMES DOESN'T. THAT'S WHAT MAKES A FILM FEEL REAL.

THE DIRECTOR, BEING THE ONE WHO YELLS "ACTION" AND "CUT," MUST BE AWARE OF WHAT THEY HAVE CAPTURED IN EACH TAKE.

THE ART OF WAITING: WAITING FOR A TRAIN TO PASS, WAITING FOR A FLOCK OF BIRDS TO ARRIVE.

STILLNESS IS NOT A COMPLETE LACK OF MOVEMENT, FOR TIME CONTINUES TO PASS SECOND BY SECOND.

A BLACK SCREEN IS ALSO AN IMAGE—AN IMAGE THAT BREATHES.

A FACE IN CLOSE-UP OUGHT TO BE CAREFULLY COMPOSED, JUST LIKE A LANDSCAPE.

HOW TO MAKE EVERY SHOT A PAINTING.

THE SCRIPT IS NOT THE FILM.

NOT TO BE OBSESSED ONLY WITH SHOOTING DIALOGUE.

THINK OF LOCATION AS A CHARACTER.

SOMETIMES, SILENCE SURPASSES SOUND.

SCORING IS UNNECESSARY IN MOST CIRCUMSTANCES.

ALLOW ACTORS TO EXPRESS THEMSELVES INSTEAD OF TEACHING THEM HOW TO PERFORM.

THE BEST PERFORMANCES ARE OFTEN FULL OF AMBIGUITY.

ACTORS ARE CAPABLE OF MAKING YOUR FILM SHINE. MAKE GOOD USE OF THEM AND TAKE GOOD CARE OF THEM.

ASK ACTORS TO EAT AND SLEEP FOR REAL INSTEAD OF ACTING IT.

MAKE FILMS IN ACCORDANCE WITH YOUR RESOURCES.

YOUR FILM REFLECTS WHO YOU ARE AT THE MOMENT—IT SHOULD MATCH YOUR LEVEL OF MATURITY.

YOU CAN ALSO MAKE A FILM WITH A CREW OF FIVE.

THE EMERGENCE OF ART MUSEUMS HAS LED TO MORE FREEDOM FOR CINEMA.

TO EAT AND SLEEP WELL.

Originally published in Notebook magazine, Issue 3, as part of the on-going, multi-contributor series "Things a Filmmaker Should Know." Reproduced with permission from the publisher.

說般若波羅蜜多咒即說咒曰揭諦揭諦波羅揭諦波羅僧揭諦菩提薩

空度一切苦厄舍利子色不異空空不異色即是色受想

滅是故空中無色無受想行識無眼耳鼻舌身意無色聲香味觸法

亦無老死盡無苦集滅道無智亦無得以無所得故菩提薩埵

倒夢想究竟涅槃三世諸佛依般若波羅蜜多故得阿耨多羅

咒是無等等咒能除一切苦真實不虛故說般若波羅蜜多咒即說咒

我聞一時佛在舍衛國祇樹給孤獨園與大比丘眾千二百五十人俱爾時

如汝所說如來善護念諸菩薩善付囑諸菩薩汝今諦聽當為汝說善

逗至本處飯食訖收衣鉢洗足已敷座而坐時長老須菩提在大眾中即

來善護念諸菩薩善付囑諸菩薩世尊善男子善女人發阿耨多羅

無色若有想若無想若非有想非無想我皆令入無餘

心唯然世尊願樂欲聞佛告須菩提諸菩薩摩訶薩應如是降伏其

無色若有想若無想若非有想非無想我皆令入無餘涅槃而滅度

須菩提若菩薩有我相人相眾生相壽者相即非菩薩復次須菩

味觸法布施須菩提菩薩應如是布施不住於相何以故菩薩

量不不也世尊須菩提南西北方四維上下虛空可思量不不也世尊不可

菩薩但應如所教住須菩提於意云何可以身相見如來不不也世尊不可

音薩但應如所教住須菩提於意云何

凡所有相皆是虛妄若見諸相非相即見如來須菩提白佛言世尊頗有

後五百歲有持戒修福者於此章句能生信心以此為實當知是人不

聞是章句乃至一念生淨信者須菩提如來悉知悉見是諸眾生得如

無法相亦無非法相何以故是諸眾生若心取相即為著我人眾生壽者

壽者是故不應取法不應取非法以是義

차이밍량은 1957년 말레이시아에서 태어났다. 1992년 영화감독 데뷔작 〈청소년 나타〉를 베를린국제영화제에서 선보였고, 두 번째 영화 〈애정만세〉(1994)로 베니스영화제 황금사자상을, 〈하류〉(1997)로 베를린국제영화제 심사위원 특별상을 수상하며 영화감독으로써의 입지를 확고히 했다. 차이밍량이 연출한 장편 영화는 전편이 세계 3대 영화제에 초청되었고, 그중 다섯 편은 국제영화비평가연맹상FIPRESCI Award을 수상하였다. 2009년에는 루브르 박물관 초청으로 영화 〈얼굴〉을 제작했고, 이 작품은 루브르 박물관에 최초로 소장되는 영화로 기록되었다.

최근 차이밍량은 다양한 미술 전시회와 축제에 초대받아 "손으로 빚은 영화Hand-sculpted Cinema", "예술 창작에서 산업 공정 제거하기"라는 미학적 아이디어를 제안하는 등 미술계에서도 주목받고 있다. 2012년에 시작하여 10편의 영화가 완성된 '행자 연작'은 전 세계의 예술제와 미술관에서 상영되었다. 대만을 기반으로 활동하며 "영화관으로서의 미술관", "작가가 의도하는 관람 방식" 등의 개념을 적극적으로 홍보하는 등, 차이밍량은 과도하게 상업화된 영화 산업에서 균형을 찾기 위한 방법의 일환으로 새로운 영화 관람 방식을 제시하고 있다.

1957年出生於馬來西亞，1992年處女作《青少年哪吒》在柏林亮相，一鳴驚人；1994年以《愛情萬歲》獲得威尼斯金獅獎，奠定世界影壇地位；1996年《河流》獲得柏林評審團大獎，生涯11部劇情長片皆入選三大影展，更連續五次獲得費比西獎；2009年作品《臉》成為羅浮宮首度典藏電影，創下藝術電影的標竿與典範。

近年亦受到美術界重視，獲邀參與藝術展演與跨界創作，提出「手工電影」與「去工業化創作」等美學理念，2012年展開「慢走長征」影像創作計劃，至今已完成八部作品，受邀世界重要藝術節與美術館展映；以台灣為據點，積極推動「美術館院線」與「作者的觀看方式」，開創新的觀影經驗，與過度商業化的電影市場體系抗衡。

他是當代最肉慾、最敏感、最陰暗的電影作者。他把身體當成一個神秘的、具可塑性的、怪異的、粗俗的機器，藉由作品將身體的官能赤裸地呈現出來。他的電影不講故事，不愛說話，緩慢且長時間的單一鏡頭，呈現人的不自主、人的渴望、人的空虛，人的寂寞。他的鏡頭長期凝視李康生，也就是在凝視著人生。

Born in Malaysia in 1957, Tsai Ming-Liang premiered his debut feature, *Rebels of the Neon God*, at the Berlinale in 1992. His sophomore film, *Vive L' amour* (1994), won the Golden Lion award at the Venice Film Festival while *The River* (1997) won the Jury Award at Berlin, thus solidifying his status as a major filmmaker. All of his feature films so far have been selected by the top three film festivals of the world while five of them have won the FIPRESCI Award. In 2009, *Face* became the first film to be included in the collection of the Louvre Museum's "Le Louvre's offre aux cinéastes".

In recent years, Tsai has also received attention in the art world, having been invited to participate in various art exhibitions and festivals, and for putting forth such aesthetic ideas as the "Hand-sculpted Cinema" and "The removal of industrial processes from art making". In 2012, he began his Walker Series and has completed 10 films, screened at art festivals and galleries around the world. Back in Taiwan, he actively promoted the concept of "Art Museum as Cinema" and "The Author's Intended Way of Viewing", introducing new film-watching modes as a way to balance the overly commercialized film market.

Tsai is the most sensual, sensitive and sombre filmmaker of this generation. He sees the human body

그는 이 세대의 가장 감각적이고, 예민하고, 우울한 영화감독이다. 차이밍량은 인간의 몸을 미스터리하고, 변하기 쉽고, 통속적인 장치로 간주하며 작품을 통해 인체 감각 기능의 민낯을 노출하려 한다. 종종 서사와 대화가 부재하며 느리고 긴 테이크로 구성되는 그의 영화는 가장 진실한 형태의 삶을 보여준다. 이강생에게 오래도록 고정되어 있던 차이밍량 감독의 렌즈는 사실상 삶 그 자체에 고정되어 있었던 것 아닐까.

as a mysterious, malleable and vulgar machine, and seeks to strip naked the sensory functions of the human body through his work. His films, often absent of narrative and dialogue and composed of slow and long takes, present life in its truest form, showing us the helplessness of humans, their desire, emptiness and loneliness. His lens, long fixated on Lee Kang-Sheng, is in fact, fixated on life itself.

행자 연작 慢走長征 系列作品 WALKER SERIES

문성경 (대한민국)
전주국제영화제 프로그래머. 『퀘이 형제 입문: 스톱모션, 도미토리움, 드로잉』(2020), 『영화는 무엇이 될 것인가?』(2021), 『아이 엠 인디펜던트―주류를 넘어, 7인의 여성 독립 영화 감독』(2021), 『보더리스 스토리텔러』(2022) 등의 단행본을 기획하고 편집했다.

文晟炅 (韓國)
全州國際電影節編導。曾企劃、編輯《Introduction to the Quay Brothers: Stop Motion,Dormitorium,Drawings》(2020)、《電影將會是什麼？》(2021)、《I'm Independent—超越主流，7名女性獨立電影導演》(2021)、《Borderless Storyteller》(2022) 等單行本。

Sung Moon (Rep. of Korea)
Programmer of Jeonju International Film Festival. She has edited books such as *Introduction to the Quay Brothers: Stop Motion, Domitorium, Drawings* (2020), *What Will Be Of Cinema?* (2021), *I am Independent—Beyond Mainstream: 7 Women Film Directors* (2021), and *Borderless Storyteller* (2022).

에이드리언 마틴 (호주)
영화 비평가이자 교수. 대표 저서로 『미장센과 영화 스타일』(2014), 『매일이 마지막날: 영화와 철학에 관한 다른 글들』(2015), 『시네마의 미스터리: 영화 이론, 역사, 문화에 대한 성찰 1982-2016』(2018) 등이 있다.

馬丁·阿德里安 (澳洲)
影評人兼教授。代表著作有《場面調度和電影風格》(2014)、《每天都是最後一天：關於電影和哲學的其他文章》(2015)、《電影之謎：對電影理論、歷史、文化的省察 1982-2016》等。

Adrian Martin (Australia)
Film critic and professor. Some of his latest publications include *Mise en Scène and Film Style* (2014), *Last Day Every Day And Other Writings On Film And Philosophy* (2015), and *Mysteries of Cinema: Reflections on Film Theory, History and Culture 1982–2016* (2018).

정성일 (대한민국)
영화 감독, 영화 평론가. 저서로 비평집 『언젠가 세상은 영화가 될 것이다』(2010), 『필사의 탐독』(2010)과 인터뷰집 『임권택이 임권택을 말하다』(2003)가 있다. 데뷔작 〈카페 느와르〉(2010)로 베니스, 로테르담, 부산에 초청 받았고, 이후 왕빙에 관한 다큐멘터리 〈천당의 밤과 안개〉(2015), 임권택에 관한 다큐멘터리 〈백두번째 구름〉(2017)과 〈녹차의 중력〉(2018)을 연출했다.

鄭聖一 (韓國)
電影導演，影評人。著作有評論集《總有一天世界會成為電影》(2010)、《必死的閱讀》(2010) 和採訪集《林權澤說林權澤》(2003)。以處女作《黑色咖啡館》(2010) 受邀參加威尼斯、鹿特丹、釜山影展。之後並執導關於王兵的紀錄片《天堂的夜晚和霧》(2015)、關於林權澤的紀錄片《Cloud, Encore》(2017) 和《綠茶的重力》(2018) 等。

Jung Sung-il (Rep. of Korea)
Film director, critic. He is the author of essay collections *Someday World Will Be Cinema* (2010), *Desperately Seeking Korean Cinema(s)* (2010), and *IM Kwon-taek on IM Kwon-taek* (2003). His debut film *Café Noir* (2010) was invited to Venice, Rotterdam, and Busan film festivals. Since then, he has delved into directing documentaries, including one on Wang Bing titled *Night and Fog in Zona* (2015), and two on Im Kwon-taek titled *Cloud, Encore* (2017) and *Gravity of the Tea* (2018).

주앙 페드로 호드리게스 (포르투갈)
폭넓은 필모그래피를 지닌 포르투갈을 대표하는 영화 감독. 단편으로 베니스영화제 수상을 하며 주목을 받았고, 주앙 후이 게라 다 마타와 공동작업을 한 영화들은 칸, 토론토, 도쿄 등 권위있는 국제영화제에서 소개되어 비평가들의 호평을 받았다. 최신작으로 〈도깨비불〉(2022), 〈이 거리는 어디에 있나요?〉(2022)가 있다.

© Diego Sanchez

朱奧·佩德洛·羅德利蓋斯 （葡萄牙）
擁有廣泛影視作品的葡萄牙代表性電影導演。以短篇電影在威尼斯電影節獲獎而備受矚目，與朱奧·魯伊·格拉·達馬塔共同執導的電影在坎城、多倫多、東京等權威國際電影節上被介紹，受到評論家的好評。最新作品《王子大戰打火兄弟》(2022)、《這條街在何處？》(2022)。

João Pedro Rodrigues (Portugal)
One of the representative Portuguese filmmakers with an extensive filmography. His films, some of them co-directed with João Rui Guerra da Mata, have been screened at the most prestigious festivals in the world such as Cannes, Toronto IFF, and Tokyo IFF. His latest films include *Will-o'-the-Wisp* (2022) and *Where Is This Street? Or with No Before and After* (2022).

마르틴 레흐만(아르헨티나)

작가이자 뉴아르헨티나시네마의 대표적인 선구자로 손꼽히는 영화 감독이다. 16회 전주국제영화제에서 그의 회고전을 개최한 바 있으며 최신작으로 〈요가 연습〉(2024)이 있다.

馬丁‧赫特曼 （阿根廷）

身兼作家和新阿根廷電影的代表性先驅者，是首屈一指的電影導演。在第16屆全州國際電影節上曾舉辦過他的回顧展，最新作品為《瑜伽練習 The Practice》（2024）。

Martin Rejtman (Argentina)

Filmmaker and writer, who is considered a pioneer of the New Argentine Cinema movement. In its 16th edition, the Jeonju International Film Festival dedicated a retrospective to his work. Most recently, he directed the film *The Practice* (2024).

김소영 (대한민국)

영화 감독, 한국예술종합대학 교수, 트랜스 아시아 영상문화연구소 소장. 〈고려 아리랑: 천산의 디바〉(2016)를 비롯한 망명 삼부작, 〈거류〉(2000)를 비롯한 여성사 삼부작은 야마가타, 부산, 대만, 홍콩을 비롯한 영화제에서 상영됐다. 저서로는 『파국의 지도』(2014), 『글로벌 맥락에서 본 한국영화: 탈식민의 유령, 블록버스터, 트랜스시네마』(2022) 등이 있다. 현재 극영화 〈세상 끝, 아나객잔〉을 준비 중이다.

金素榮 （韓國）

電影導演，韓國藝術綜合大學教授，Trans:Asia影像文化研究所所長。包括《高麗阿里郎：天山的Diva》（2016）在內的流亡三部曲、《居留》（2000）在內的女性史三部曲在山形、釜山、臺灣、香港等電影節上上映。著作有《破局的地圖》（2014）、《全球背景下的韓國電影：脫殖民者的幽靈，賣座強片，跨電影》（2022）等。現在正準備《世界盡頭，阿那客棧》的劇情片。

Soyoung Kim (Rep. of Korea)

Film director, professor at the Korea National University of Arts, and the director of the Trans:Asia Screen Culture Institute. Her Exile Trilogy and her Women's History Trilogy were screened in Yamagata, Busan, and Hong Kong film festivals. She has authored books such as *Cartography of Catastrophe* (2014), *Korean Cinema in Global Contexts: Postcolonial Phantom, Blockbuster, Trans-Cinema* (2022). Currently, she is working on a feature film titled *Ana Inn at the End of the World*.

김성희 (대한민국)

기획자. 다양한 예술 형식과 관점을 소개, 제작해왔다. 옵/신 페스티벌 창설 및 예술감독, 국립현대미술관 다원예술 프로젝트 감독, 국립아시아문화전당 예술극장 초대 예술감독, 다원예술축제 '페스티벌 봄' 창설 및 예술감독, 백남준아트센터 개막축제 스테이션2 예술감독, 국제현대무용제(Modafe) 감독을 역임했다. 동시대 예술의 국제적인 플랫폼을 구축하고 아시아 동시대 예술의 제작과 담론을 창출하기 위해 노력하고 있다.

金成姬 （韓國）

金成熙作為企劃者，介紹並製作了多種藝術形式和觀點。曾任《OB/SCENE Festival》創始者及藝術總監、國立現代美術館多元藝術項目總監、國立亞洲文化殿堂藝術劇場首任藝術總監、多元藝術慶典《Festival Bo:m》創始者及藝術總監、白南準藝術中心開幕慶典Station2藝術總監、國際現代舞蹈節（Modafe）總監。努力構建同時代藝術的國際平臺，創造亞洲同時代藝術的製作和談論。

Kim Seong-Hee (Rep. of Korea)

An instrumental planner, having introduced and produced a diverse array of art forms and perspectives. She has served as a founder, artistic director, or director of renowned events and institutions, including the Ob/Scene Festival, the Asia Culture Center Theater, the Festival Bo:m, the Nam June Paik Festival, and the International Modern Dance Festival. Her efforts are focused on building an international platform for contemporary art and fostering production and discourse in contemporary Asian art.

케빈 B. 리(미국)

비디오 에세이스트, 감독, 연구자. 2022년부터 스위스 루가노대학의 '영화 및 시청각 미술의 미래' 로카르노영화제 교수로서 재임 중이다.

凱文B.李 （美國）

影像隨筆作家、導演、研究者。從2022年開始，他任職為瑞士盧加諾大學電影及視聽藝術的未來部門首位卡諾電影節教授。

Kevin B. Lee (USA)

Video essayist, filmmaker, researcher. Since 2022, he has been serving as the first Locarno Film Festival Professor for the Future of Cinema and the Audiovisual Arts at the Università della Svizzera italiana (USI).

© Victor Brigola

차이밍량—행자 연작
蔡明亮—慢走長征 系列作品
TSAI MING-LIANG—
WALKER SERIES

초판 The first edition
2024년 5월 1일 May 1st, 2024

퍼낸곳 Publisher
전주국제영화제
JEONJU International Film Festival
민성욱 Min Sungwook
정준호 Jung Junho

책임편집 Editor-in-Chief
문성경 Sung Moon

편집 Editor
손효정 Cecile Hyojeong Son

디자인 Design
신신 Shin Shin

캘리그라피 Calligraphy
이강생 Lee Kang-Sheng

인쇄·제책 Printing & Binding
인타임 Intime

진행총괄 General Management
이진화 Jinhwa Lee

번역 Translation
김다히 Dahee Kim
김혜나 Stella Kim
나지은 Jieun Na
노흥금 Lu Hung Chin
손정은 Jungeun Son
아나 쿠오 Ana Kuo
양한걸 Hani Yang
윌리엄 화이트 William White
임대근 Daegeun Lim
천쓰훙 Kevin Chen
콜린 모엣 Colin Mouat

감수 Proofreading
김다히 Dahee kim
김혜나 Stella Kim
노흥금 Lu Hung Chin
마르셀로 알데레테 Marcelo Alderete
임대근 Daegeun Lim

교열 Proofreading (Korean)
이효정 Hyojung Lee

경영지원 Administrative Support
장성호 Jang Sungho
엄은정 Eom Eunjeong
김아영 Aayoung Kim

전주국제영화제
JEONJU International Film Festival
(54999) 전북특별자치도 전주시
완산구 전주객사3길 22
전주영화제작소 2층
(54999) 2F, JEONJU Cine
Complex, 22, Jeonjugaeksa 3-gil,
Wansan-gu, Jeonju-si, Jeonbuk-do,
Republic of Korea
T. +82 (063) 288 5433
F. +82 (063) 288 5411
www.jeonjufest.kr

ISBN 979-11-978534-4-9
값 35000원

JEONJU
intl.film festival